事業承継を成功させる
自社株承継の実務

納税資金確保／評価対策／承継先の選定　　第2版

税理士法人おおたか 著

税務経理協会

は し が き

　日本の地域経済や雇用を支えているのは，間違いなく中小企業です。中小企業の創業社長は，多くの方が全てを会社に捧げて全身全霊をもって経営し，いずれは次世代にバトンタッチすることになります。
　中小企業が努力して好業績を上げると，基本的には自社株評価が上昇し，自社株承継のための相続税や贈与税の負担に頭を悩ませることとなりますが，中小企業の発行する非上場株式は，市場性がなく簡単に売却できるものではありません。さらに，自社株承継は税負担だけの問題ではないため，業績のふるわない中小企業であっても悩みはつきません。

　本書は，税理士を中心とした中小企業の事業承継を支援する専門家に向けて，私共税理士法人おおたかが前身の成田公認会計士事務所時代から培ってきた自社株承継に関する知識・経験を基に執筆したものです。

　本書の初版を執筆させていただいてからまだ1年強ですが，中小企業の事業承継を巡る環境は，大きく変わろうとしています。
　最もインパクトがあるのが税制です。平成30年度税制改正により，10年間の時限措置として，事業承継税制が大幅に拡充されました。一定要件を満たし続けなければならないという制約はあるものの，後継者が取得する議決権株式の全株に係る贈与税又は相続税が猶予されることになります。
　また，昭和55年以来，大きな見直しはされていなかった民法相続税の改正法も，成立・公布され，施行されようとしており，いずれも改正のキーワードとして「社会の高齢化への対応」があげられています。
　改訂版では，主に平成30年度税制改正による「事業承継税制の改正」「一般社団法人等の課税の見直し」及び民法相続法の改正による「遺留分制度の見直し」について，加筆修正しています。

本書が手にとっていただいた皆様に対して少しでもお役に立ち，一社でも多くの中小企業を守ることにつながれば，筆者としてこの上ない喜びです。

平成30年10月
執筆者を代表して
税理士　市川康明

目　　次

はしがき

第1章　自社株対策はなぜ必要か ……………… 1

1　自社株の承継問題の全体像 ………………………3
　1　経営権の承継と財産権の承継 ………………………3
　2　自社株の承継方法 …………………………………4
　3　遺留分の配慮 ………………………………………6
　4　後継者の議決権の確保 ……………………………8
　5　自社株の承継対策を行わなかったら？ ………… 10

2　遺留分と民法の特例 ……………………………… 12
　1　民法で認められる遺留分 ………………………… 12
　2　基礎財産の評価額 ………………………………… 15
　3　遺留分の放棄 ……………………………………… 16
　4　除外合意と固定合意 ……………………………… 17
　5　生命保険・種類株式の活用 ……………………… 26
　6　承継を「売買」として行う方法 ………………… 27
　7　遺留分制度の見直し ……………………………… 30

第2章　自社株の評価

1　自社株の評価の基本 …… 37

2　評価上の株主の判定 …… 39
1　株主区分の判定 …… 39
2　議決権割合の判定 …… 45
3　遺産分割が整わない場合 …… 47

3　会社規模の判定 …… 50
1　会社規模による評価方法の違い …… 50
2　株価対策 …… 54
3　改正の影響 …… 55

4　類似業種比準価額の算定 …… 58
1　類似業種比準方式 …… 58
2　株価対策 …… 61
3　改正の影響 …… 63
4　複数の事業を営む場合 …… 68

5　純資産価額の算定 …… 73
1　純資産価額方式 …… 73
2　株価対策 …… 74

6　特定の評価会社の判定 …… 77
1　特定の評価会社 …… 77
2　株価対策 …… 79

| 7 | 配当還元方式の適用 …………………………………………… 81
    1 配当還元方式 ………………………………………………… 81
    2 配当還元方式評価の否認事例 ……………………………… 82

| 8 | 法人税の税率の引下げ ………………………………………… 87
    1 法人実効税率の引下げ ……………………………………… 87

第3章　納税資金の手当てと自社株の取得 ………… 91

| 1 | 納税資金の手当て ……………………………………………… 93
    1 生命保険 ……………………………………………………… 93
    2 死亡退職金・弔慰金 ………………………………………… 96
    3 自己株式の取得 ……………………………………………… 98
    4 その他の資金の手当ての方法 ……………………………… 98
    5 資金捻出ができない場合──株式の物納 ……………… 101

| 2 | 自己株式の取得 ………………………………………………… 107
    1 自己株式取得の手続 ………………………………………… 107
    2 特定の株主からの取得 ……………………………………… 109
    3 相続人等に対する売渡し請求 ……………………………… 111
    4 自己株式取得の財源規制 …………………………………… 113
    5 自己株式の取得に関する課税 ……………………………… 114
    6 みなし配当課税の適用除外の特例等 ……………………… 116

第4章　自社株の承継手法 ……………………………… 119

1　生前贈与を活用する ……………………………………… 121
　1　自社株の承継方法 ……………………………………… 121
　2　相続時精算課税 ………………………………………… 123
　3　住宅取得等資金の贈与に関する非課税 …………… 127
　4　教育資金及び結婚・子育て資金の一括贈与に係る非課税 ……… 130

2　種類株式を活用する ……………………………………… 134
　1　種類株式の概要 ………………………………………… 134
　2　配当優先株式 …………………………………………… 136
　3　取得条項付株式 ………………………………………… 138
　4　拒否権付株式 …………………………………………… 140
　5　取締役・監査役の選解任のできる種類株式 ……… 142
　6　株主ごとに異なる旨の定款の定め ………………… 143
　7　種類株式の相続評価 …………………………………… 145

3　信託を活用する …………………………………………… 148
　1　信託とは ………………………………………………… 148
　2　信託の課税関係 ………………………………………… 151
　3　信託契約の締結 ………………………………………… 155
　4　受益者連続型信託 ……………………………………… 159
　5　信託受益権の相続評価 ………………………………… 163
　6　金融機関の商品としての自社株信託 ……………… 165
　7　不動産信託 ……………………………………………… 166

第5章　自社株の評価・納税対策 …… 169

1　事業承継税制の特例 …… 171
1. 特例の適用を受けるための手続き …… 171
2. 贈与税の納税猶予特例 …… 176
3. 相続税の納税猶予特例 …… 183
4. 資産管理会社等に対する納税猶予の適用 …… 188
5. 猶予税額の計算 …… 192
6. 納税猶予額の制限を受ける場合 …… 196
7. 納税猶予の取消しと納税猶予額の免除 …… 198

2　組織再編を活用する …… 207
1. 合併による会社規模の拡大 …… 208
2. 分割型分割と分社型分割 …… 212
3. 株式交換 …… 216
4. 株式移転 …… 219

3　グループ法人税制 …… 221
1. グループ法人税制の概要 …… 221
2. グループ法人税制の株価への影響 …… 224

第6章　自社株の承継先の選定 …… 227

1　持株会を活用する …… 229
1. 持株会の種類 …… 229
2. 持株会の形態 …… 231
3. 相続対策としての持株会 …… 233

	4	従業員持株会の事務手続 ………………………………… 234
	5	従業員持株会の制度設計 ………………………………… 237
	6	オーナー経営者から従業員持株会への株式譲渡 ……… 240

2 社団法人及び財団法人を活用する ……………………… 243
 1 公益法人制度 ……………………………………………… 243
 2 公益法人等に対して財産を寄附した場合の譲渡所得等の非課税
  （措法40） ………………………………………………… 249
 3 国等に対して相続財産を贈与した場合等の相続税の非課税等
  （措法70） ………………………………………………… 254
 4 社団法人・財団法人への贈与税又は相続税の課税（相法66） … 256
 5 一般社団法人の活用例 …………………………………… 258

3 親族外承継 ………………………………………………… 263
 1 親族外承継を行う場合の留意点 ………………………… 264
 2 株式取得の手法 …………………………………………… 265
 3 後継者の資金負担軽減 …………………………………… 267
 4 株式を承継しない親族外承継 …………………………… 271
 5 Ｍ＆Ａによる会社売却 …………………………………… 274

第7章　複合的な事例の検討 ………………………………… 277

1 事例検討①
株式が分散しているケース ………………………………… 279
 1 配当還元方式による評価 ………………………………… 281
 2 自社株の同族株主間での売買 …………………………… 282

| 2 | 事例検討②
多額のオーナー貸付金があるケース ································ 290
   1　オーナー貸付金の処理 ·· 291

| 3 | 事例検討③
持株会社化を検討したケース ·· 293
   1　株式移転による持株会社の設立 ·································· 293
   2　持株会社が事業を営む場合 ······································· 301

参考文献 ·· 307

著者紹介 ·· 309

第 **1** 章

自社株対策はなぜ必要か

1 自社株の承継問題の全体像

　資産家の中には「自分が死んだ後のことは関係ない」と何ら承継対策を取らず，周囲から対策の検討を提案された際には逆に不快感を示す方もいる。
　しかし，従業員やその家族，取引先など，多くの利害関係者が存在する会社の経営者においては，事業を継続させるため，自身の後継者に対して事業を円滑に承継するための対策を講じることは，いわば経営者としての最後の責務であろう。
　会社の経営者が後継者に会社経営を譲る，いわゆる「事業承継」には，親族内承継（主に子へ），親族外承継（従業員や外部からの招聘など），M＆A（他社に譲渡など）が考えられるが，本書では，基本的には非上場会社における親族内承継を前提として解説していく。

1　経営権の承継と財産権の承継

> 事業の承継には，経営権（代表権）の承継と財産権（自社株）の承継が必要。

　現経営者から後継者へ事業を承継させるためには，経営権（代表権）の承継と財産権（自社株）の承継が必要となる。

(1) 経営権の承継

　経営権を承継させるには，直接的には後継者を代表取締役に就任させればよく，大株主であるオーナー経営者にとっては，通常は容易なことである。

(2) 財産権の承継

　財産権の承継とは，主には自社株を承継させることであるが，その他にも会社の利用する不動産を現経営者が所有しているような場合は，当然それも含め

た承継が必要となってくる。

　自社株の承継では通常，財産権のみならず議決権も承継することとなる。会社の最高意思決定機関は株主総会であり，後継者の経営権を確固たるものとするためには，株主総会における決定権を得るための議決権の確保も必要不可欠である。

(3) 他の留意点

　円滑な承継のためには，経営権の承継及び財産権の承継以外にも，【図表1】のような事項について検討を要する。しかし，やはり大きな比重を占めるのが自社株の承継問題である。自社株には財産価値があるため，これを承継しようとすれば必ず税負担の問題が生じる。

【図表1：事業の承継のために検討すべき事項】

- 現状の把握（会社の状況，現経営者の状況，後継者候補の状況）
- 後継者の選定，教育（社内及び社外での教育）
- 関係者の理解（従業員，取引先，現経営者の親族など）
- 事業承継計画の作成（具体的な実行内容とスケジュール）

2　自社株の承継方法

　自社株の承継の基本は，株価対策を行ってから生前贈与をすることである。

　親族内承継の場合における自社株の承継方法としては，売買による移転，相続による移転又は生前贈与による移転が考えられる。

(1) 非上場株式の相続評価

　非上場株式を移転する際は，相続評価を算定する必要があり，「財産評価基本通達」における取引相場のない株式の評価の定めにより評価する。
　会社規模等により，類似業種比準方式，純資産価額方式又はこれらの併用方式で評価をすることとされているが，基本的に業績のよい会社は株式の評価額

が毎期上昇していく。その他，上場会社の株価の上昇や地価の上昇などの外的要因によっても，株式の評価額は上昇する。

(2) 売買による移転の場合

売買による移転の場合は，移転時期を選ぶことができるため，事前に株価対策を行い，株価を引き下げた上で売買を行うことが可能である。しかし，後継者の資金負担が重く，また売主である現経営者には株式の譲渡益に対して約20％の課税がされてしまう。

(3) 相続による移転の場合

相続による移転の場合は，移転時期を選ぶことができないことが一番の問題である。非上場株式の相続評価は，直前の決算数値等を元に算出するため，たまたま例年より業績がよかったために株式の評価が高くなってしまうこともあり得る。

(4) 生前贈与による移転の場合

生前贈与による移転の場合は，売買と同様に移転時期を選ぶことができるため，やはり事前に株価対策を行い，株価を引き下げた上で贈与を行うことが可能である。

さらに，生前贈与の場合は，一定の要件を満たせば課税方法を選択することが可能である。暦年課税贈与，相続時精算課税贈与，贈与税の納税猶予のいずれの適用を受けるか，状況に応じて検討しなければならない。

暦年課税贈与には特に適用を受けるための要件はないが，相続時精算課税贈与及び贈与税の納税猶予の適用を受ける際は，一定の要件を満たさなければならない。

長期間をかけられるならば，暦年課税贈与により毎年少しずつ株式を贈与して税負担を抑えることも可能である。その場合，資金負担や税負担の観点から，自社株の承継のための対策は，事前に自社株の評価を引き下げた上で，生前贈

与をすることが中心となる。

【図表2：贈与税の課税方式】

	暦年課税贈与	相続時精算課税贈与	贈与税の納税猶予
贈与者の要件	なし	60歳以上	贈与した株式の発行法人の代表者であったことなど※
受贈者の要件	なし	20歳以上の子及び孫	贈与を受けた株式を引き続き有することなど※
基礎控除額	受贈者1人当たり年間110万円	特定贈与者1人当たり累計2,500万円	暦年課税贈与又は相続時精算課税贈与と同様の計算をし、受贈者が従来から有する株式を含めて総議決権株式の3分の2までに対応する部分の贈与税を猶予※
税率	最高55％の累進課税	一律20％	
相続時の課税	相続開始前3年以内の贈与のみ贈与時の評価額で課税（納付した贈与税は控除）	全て贈与時の評価額で課税（納付した贈与税は控除）	原則として贈与時の評価額で課税（一定の要件を満たせば相続税の納税猶予の適用あり）

※ 平成30年度税制改正により、10年間の時限措置として、適用要件の大幅な緩和、議決権株式の全部についての猶予などの特例措置が設けられている（詳細は第5章参照）。

3 遺留分の配慮

後継者以外の相続人の遺留分への配慮も必要。

　非上場会社のオーナー経営者は、個人で所有する財産の大半が自社株や事業用資産となっていることがほとんどであるが、中小企業経営の安定化のためには、それらの事業に関連する財産を後継者に集中させ、経営とは無関係の相続人には極力取得させないことが必要となる。

　しかし、民法上、兄弟姉妹以外の相続人には遺留分が認められているため（民1028）、仮に遺言や生前贈与により後継者に自社株及び事業用資産を集中させたとしても、後日になって後継者以外の相続人から遺留分の減殺請求を受け、それらの財産の一部が分散してしまう可能性がある。

　なお、平成30年7月に民法相続法の改正法が公布され、遺留分制度に関する

見直しがされる。改正法は公布の日から1年以内に施行されるが，ここでは改正前の制度を前提に記述する（改正内容については「2　遺留分と民法の特例」参照）。

(1)　遺留分の計算

具体的な遺留分の計算は，被相続人の財産の2分の1（直系尊属のみが相続人である場合は3分の1）に法定相続分を乗じて行う。この場合において，遺留分算定の基礎となる被相続人の財産は，相続税を計算する際の財産の評価とは異なり，【図表3】のように計算される。

例えば，相続人が配偶者及び子2人であった場合の各相続人の遺留分は，【図表4】のとおりである。直系尊属のみが相続人である場合を除き，法定相続分の2分の1が遺留分となる。

(2)　遺留分減殺請求

遺留分権利者は，遺留分の侵害があった場合は減殺の請求をすることができるが，遺留分の侵害があったことを知った日から1年以内に行使しないと，時効によって消滅する（民1042）。相続人が複数存在する場合に分割可能な財産が十分あればよいが，自社株等以外に分割する財産が少ないと，後継者以外の相続人の遺留分を侵害してしまう。

これを避けるためには，例えば，被保険者を現経営者とし，後継者を受取人とする生命保険があれば，後継者が生命保険金を原資として他の相続人に代償金を支払うことにより，遺留分を侵害することなく後継者が自社株等を相続することが可能となる（生命保険金は受取人固有の財産とされ，原則として遺留分算定の基礎に算入されない）。その他にも，家庭裁判所の許可を受ければ，遺留分の生前放棄が認められる。

【図表３：遺留分算定の基礎となる財産】

① 相続開始時の財産
② 相続開始前１年間の贈与財産（遺留分侵害を知っての贈与は無制限）
③ 特別受益（相続人への生計の資本等としての贈与）
④ 相続開始時の債務
⑤ ①＋②＋③－④＝遺留分算定の基礎となる財産
※ いずれも相続開始時の時価で計算する。

【図表４：法定相続分と遺留分】

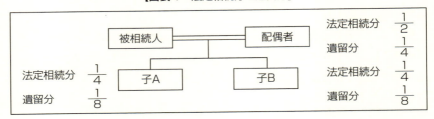

4　後継者の議決権の確保

後継者の議決権の確保も重要。
少なくとも普通決議が可能な過半数，できれば特別決議が可能な３分の２以上。

　株主総会は会社の最高意思決定機関であるが，株主総会の決議には普通決議，特別決議及び特殊決議がある（特殊決議についてはここでは省略する）。

(1)　株主総会普通決議

　会社法上，株主総会の普通決議は，原則として議決権を行使可能な株主の議決権の過半数の出席を要し，出席株主の議決権の過半数の決議によることが求められる（会社309①）。

　計算書類の承認や，役員の選解任などが決議事項であるが，後継者が議決権の過半数を有しない場合は，最悪の事態として代表取締役を解任される可能性すらあるため，最低限，後継者は過半数の議決権を保有する必要がある。

(2) 株主総会特別決議

株主総会の特別決議は，原則として議決権を行使可能な株主の議決権の過半数の出席を要し，出席株主の議決権の3分の2以上の決議によることが求められる（会社309②）。

定款の変更や事業の譲渡，特定の者からの自己株式の取得などが決議事項とされているため，承継対策に活用されることも多い「種類株式の発行」や「組織再編」を行うには，特別決議が必要となる。そのため，3分の2以上の議決権の確保が望ましい。

(3) 定足数の特例

定款に定めることにより，普通決議は定足数を排除することが可能（役員の選解任は3分の1以上が必要）であり，特別決議は定足数を3分の1以上まで緩和可能である。

しかし，そもそも定款変更には特別決議が必要であることを考えると，やはり後継者の議決権を3分の2以上確保することが好ましい。

(4) 種類株式の活用

平成18年の会社法施行により，多様な種類の株式が発行可能となった。事業承継への活用が考えられる主な種類株式は【図表5】のとおりである。

なかでも最も利用しやすい議決権制限株式（特に完全無議決権株式）については，公開会社の場合は議決権制限株式の発行数は発行済株式の2分の1までとされているが（会社115），非上場会社は株式の全部について譲渡制限を定めているのが一般的であるため，発行限度はない。

よって，株式の大半を完全無議決権株式としてから後継者以外の相続人に承継させ，残りの普通株式（議決権株式）を後継者に承継させれば，他の相続人の遺留分に配慮しつつ，後継者へ議決権を集約することが可能となる。

【図表5：主な種類株式】

種　　類	内　　容
議決権制限株式	株主総会において全部又は一部の事項につき決議できない株式をいう。 そのうち全ての事項につき決議できない株式を完全無議決権株式という。
拒否権付株式（黄金株）	株主総会において決議すべき事項のうち，特定の事項について，その種類株式を保有する株主の同意が必要となるものをいう。特定の事項は，自由に定款に定めることが可能である。
取得条項付株式	その種類株式について，発行会社が一定の事由が生じたことを条件としてこれを取得することができるものをいう。一定の事由は，自由に定款に定めることが可能である。
全部取得条項付株式	その種類株式について，発行会社が株主総会の決議によってその全部を取得することができるものをいう。

会社法2条5号　公開会社
　その発行する全部又は一部の株式の内容として譲渡による当該株式の取得について株式会社の承認を要する旨の定款の定めを設けていない株式会社をいう。

会社法115条　議決権制限株式の発行数
　種類株式発行会社が公開会社である場合において，株主総会において議決権を行使することができる事項について制限のある種類の株式（以下この条において「議決権制限株式」という。）の数が発行済株式の総数の2分の1を超えるに至ったときは，株式会社は，直ちに，議決権制限株式の数を発行済株式の総数の2分の1以下にするための必要な措置をとらなければならない。

5　自社株の承継対策を行わなかったら？

現経営者が生前に自社株の承継対策を行わず，遺言も残さなかった場合は……

　仮に，現経営者が何ら自社株の承継対策を行わず，遺言も作成せずに相続が開始してしまった場合には，被相続人（現経営者）が有していた自社株については，共同相続人間で遺産分割協議が整うまでは，いわゆる「準共有（民

264)」の状態になり，原則として相続人間で権利行使者を1名決めなければ，会社に対して権利行使することができないこととされている（会社106）。オーナー経営者の相続人間で係争が発生した場合は，株主総会すら開催できないという事態にもなりかねない。

　自社株を生前贈与により承継させることは，単に自社株の承継に係る税負担を軽減するだけでなく，議決権を後継者に集約し，後継者が安心して経営できることにもつながる。

　生前に自社株を後継者に承継させない場合は，少なくとも遺言により，後継者が確実に自社株を承継できるように準備すべきである。

> **会社法106条　共有者による権利の行使**
> 　株式が二以上の者の共有に属するときは，共有者は，当該株式についての権利を行使する者1人を定め，株式会社に対し，その者の氏名又は名称を通知しなければ，当該株式についての権利を行使することができない。ただし，株式会社が当該権利を行使することに同意した場合は，この限りでない。

　これまで述べてきたように，一口に「自社株の承継」といっても，円滑な承継の方策を検討するには，税法のみならず，会社法や民法を中心とした様々な専門知識に精通していなければならない。

　ここでは自社株の承継問題の全体像を把握するため，検討が必要な論点の確認をする程度であったが，この後，個別の論点について深く掘り下げていく。

2　遺留分と民法の特例

　円滑な事業承継のためには，オーナー経営者の有する自社株や会社の利用する不動産を，可能な限り後継者に承継させることが重要である。

　しかし，非上場会社のオーナー経営者は，個人で所有する財産の大半が自社株や事業用資産となっていることがほとんどであり，それらの事業関連財産を後継者に集中させると，他の相続人に十分な財産を渡すことができない。

　ここで注意しなければいけないのは，「遺留分」である。民法では，兄弟姉妹及びその子以外の相続人には，最低限の相続権として遺留分が認められている。

　遺言により「後継者に全ての財産を相続させる」とした場合でも，他の相続人の遺留分を侵害することで減殺請求を受けると，後継者は他の相続人に一定の財産を引き渡す必要が生じ，結果的に後継者に事業関連財産を承継させることができなくなってしまう場合もある。

　なお，平成30年7月に民法相続法の改正法が公布され，遺留分制度に関する見直しがされる。改正法は公布の日から1年以内に施行されるが，まずは改正前の制度を前提に記述し，改正内容については後述する。

1　民法で認められる遺留分

　民法では，兄弟姉妹及びその子以外の相続人に遺留分が認められている。
　遺留分算定の基礎財産には，相続時の財産のみでなく，特別受益（生前贈与）等も含まれる。

(1)　遺　留　分

　民法では，相続人の生活の安定や最低限度の相続人間の公平を確保するため，

兄弟姉妹及びその子以外の相続人に最低限の相続の権利を保障しており、これを遺留分という（民1028）。

被相続人による財産の処分によって、遺留分を侵害された相続人は、遺留分以上の財産を取得した者に対して、財産の返還を請求することができる（民1031）。

なお、遺留分の減殺請求権は、相続の開始及び減殺すべき贈与又は遺贈があったことを知った日から1年以内に行使しなければ、時効によって消滅する（民1042）。相続開始の日から10年を経過したときも同様である。

(2) 遺留分の計算

具体的な遺留分の計算は、【図表1】により求めた遺留分算定基礎財産の2分の1（直系尊属のみが相続人の場合は3分の1）を相続人全体の遺留分とし、個々の相続人の法定相続分を乗じて個々の相続人の遺留分を計算する（民1028、1029）。

遺留分減殺請求により返還すべき財産の価額を金銭で弁償することで、財産自体（例えば自社株）の返還を免れることができる（民1041）。しかし、遺留分算定基礎財産の評価額は、相続開始時の時価を基準として算定するため、多額の資金が必要となる。

【図表1：遺留分算定基礎財産（民903、1029、1030）】

① 相続開始時の財産
② 相続開始前1年間の贈与財産（当事者双方が遺留分を侵害することを知って贈与したときは、1年以上前の贈与財産も含む）
③ 特別受益（被相続人から婚姻、養子縁組又は生計の資本等として相続人が受けた贈与）
④ 相続開始時の債務
⑤ ①+②+③-④=遺留分算定基礎財産
　※ いずれも相続開始時の時価で計算する。

事例1　遺留分減殺請求

<概　要>
① 被相続人Aは「他人Dに全ての財産を遺贈する」という遺言を残して亡くなった。
② 相続開始時の財産は総額9億円であった。
③ 被相続人Aの死亡後に配偶者B及び子Cから遺留分減殺請求通知が他人Dに届いた。
④ 子Cは過去に1億円の特別受益を受けていた。

<考え方>
　遺言によると他人Dが9億円を相続することとなるが、配偶者Bと子Cには次のとおり遺留分が認められている。

遺留分算定基礎財産10億円	
相続時の財産9億円	子C特別受益1億円

・ 遺留分の総額：$10億円 \times \dfrac{1}{2} = 5億円$
・ 配偶者Bの遺留分：$5億円 \times 法定相続分\dfrac{1}{2} = 2.5億円$
・ 子Cの遺留分：$5億円 \times 法定相続分\dfrac{1}{2} = 2.5億円$

（子Cは1億円の特別受益を受けているため、侵害された遺留分は1.5億円となる）

　よって、他人Dは配偶者Bに対して2.5億円、子Cに対して1.5億円を弁償しなければならない。

2　基礎財産の評価額

> 遺留分算定基礎財産の評価額は，贈与時の時価ではなく，相続時の時価により算定しなければならない。

　遺留分を算定する際の基礎財産の評価額は，前述のとおり全て相続開始時の時価によって算定することとされている。

　例えば，オーナー経営者が相続人である後継者に自社株を生前贈与した場合には，贈与から何年経過しようが相続発生時には遺留分の計算の対象となってしまう。その上，遺留分は相続発生時の時価で算定するため，後継者の努力によって自社株の価値が増加した場合には，他の相続人の遺留分が増加してしまうという問題がある。

　具体例として，【図表2】のように先代経営者Aが後継者Bに自社株3,000万円を贈与し，その後のBの経営努力により自社株の評価額が1億2,000万円に上昇したところでAが死亡した場合には，非後継者C及びDの遺留分を算定する際の基礎財産は自社株を1億2,000万円として計算することとなる。つまり，Bの経営努力によって自社株の評価額が上昇することによって，C及びDの遺留分も上昇し，不動産3,000万円のほか自社株の一部や金銭によって2,000万円相当の財産を引き渡す必要が生じてしまうのである。

【図表2：遺留分の計算例】

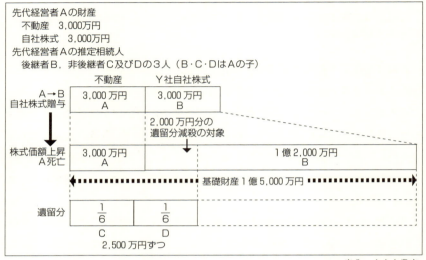

出典：中小企業庁

3　遺留分の放棄

> 被相続人の生前に「遺留分の放棄」をすることも可能だが，非後継者に相当な負担がかかる。

　遺留分についての対策はいくつか考えられるが，一つは被相続人の生前に遺留分を放棄することである。

　しかし，被相続人の生前に遺留分を放棄するためには，家庭裁判所の許可を受けなければならない（民1043）。この手続は放棄する者（非後継者）が自ら家庭裁判所に対して申立を行う必要があり，遺留分放棄によってメリットを得られるわけでもない非後継者にとっては，相当な負担となる。

　また，遺留分の放棄では「遺産全てに対する遺留分を放棄する」か，遺留分の一部を放棄する場合であっても「特定の財産の全てを放棄する」しかなく，特定の財産について遺留分算定時の価額を固定するということはできない。

4　除外合意と固定合意

> 非上場株式等については，遺留分に関する民法の特例として「除外合意」及び「固定合意」が認められる。

　上記のような問題に対処するため，平成20年5月9日に「中小企業における経営の承継の円滑化に関する法律」が成立し，その中に「遺留分に関する民法の特例」が設けられて平成21年3月1日から施行されている。

　この遺留分に関する民法の特例には，「除外合意」「固定合意」の2つが設けられ，さらに後継者と他の相続人との調整のためにこれらの合意と併せて行うことができる「付随合意」が設けられている。

　この特例の適用対象となるのは，【図表3】の要件を全て満たす場合である。

　手続としては，後継者と他の相続人とで合意書を作成し，合意から1カ月以内に申請をして経済産業大臣の認定を受け，さらに認定から1カ月以内に申立をして家庭裁判所の許可を受けることで法的効力を生ずるというものであるが，合意書さえ作成できれば，後の手続は全て後継者のみで行える。

　合意書には，次のような内容を定めることになる。

(1)　除外合意

　後継者が贈与等により取得した自社株の価額を遺留分算定基礎財産に算入しない合意をいう。

　【図表2】と同じ条件で，自社株3,000万円について除外合意を行った場合には，【図表4】のようになる。自社株の全てを遺留分算定の基礎財産から除外できるため，遺留分算定の基礎財産は不動産3,000万円のみとなり，この不動産や金銭により非後継者に500万円ずつ引き渡すことにより，後継者が自社株を全て確保できることとなる。

【図表３：遺留分に関する民法の特例の適用対象の要件】

	適用対象の要件
対象会社 (特例中小企業者)	① 中小企業基本法上の中小企業者であること ② ３年以上継続して事業を行っていること ③ 株式を上場し又は店頭登録している株式会社でないこと
先代経営者 (旧代表者)	① 特例中小企業者の代表者であった者又は代表者である者であること ② 株式等（完全無議決権株式等を除く）の贈与をしたこと
後継者	① 旧代表者から特例中小企業者の株式等の贈与を受けた者又は当該贈与を受けた者から当該株式等を相続，遺贈若しくは贈与により取得した者であること ② 先代経営者からの贈与等により，総株主（完全無議決権株式のみを有する株主を除く）の議決権の過半数を有していること ③ 特例中小企業者の代表者であること

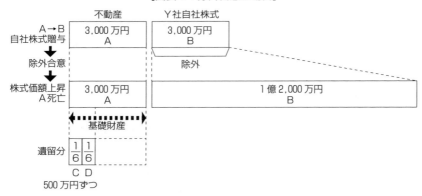

【図表４：除外合意の場合】

出典：中小企業庁

(2) 固定合意

後継者が贈与等により取得した自社株について，遺留分算定基礎財産に算入する価額をあらかじめ固定できる合意をいう（合意の時の価額は弁護士等の専門家が証明した金額に限る）。

自社株を遺留分算定の基礎財産から除外することについては非後継者から同意を得られない場合であっても，遺留分算定時の価額を一定時点（贈与時等）における評価額に固定し，その後の価値上昇分に対しては遺留分を主張しないということには同意を得ることができる場合も考えられる。そのような場合に利用できるのが固定合意であり，【図表５】のように贈与時の価額3,000万円で固定合意を行えば，その後，後継者の経営努力によって自社株の評価額が１億2,000万円に上昇したとしても，自社株の評価額を合意時の3,000万円として遺留分を算定することができる。

　ただし，この固定合意における自社株の評価額の算定方法については，平成21年２月９日に中小企業庁より「経営承継法における非上場株式等評価ガイドライン」が公表されたものの，現時点で算定方法が確立されているとは言い難い状況であるため，後継者・非後継者双方が納得できる合理的な評価額を算定できるよう，注意が必要である。

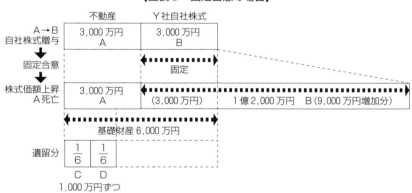

【図表５：固定合意の場合】

出典：中小企業庁

(3) 付随合意

　上記除外合意又は固定合意に併せて，次の合意をすることができる。
　① 後継者が旧代表者から贈与等により取得した合意の対象とした株式等以

外の財産の全部又は一部についても遺留分算定基礎財産に算入しないこと
② 後継者以外の推定相続人が旧代表者から贈与等により取得した財産の全部又は一部についても遺留分算定基礎財産に算入しないこと

除外合意や固定合意は後継者にとって大変メリットのあるものであるが，非後継者にとっては特にメリットがない。そこで，非後継者から合意を取り付けやすくするため，付随合意により先代経営者が非後継者に生前贈与した財産も併せて遺留分算定の基礎財産から除外することもできる。付随合意は除外合意又は固定合意と併せて行うものであるため，付随合意のみを単独で行うことはできない。

除外合意と固定合意は併用することができるため，自社株式の一部について除外合意をし，一部について固定合意を行うことも可能である。

なお，除外合意・固定合意・付随合意とも，「既に生前贈与した財産」が合意の対象となるため，実際に贈与が行われていない財産については，これらの合意の対象とすることはできない。

(4) 非後継者がとることができる措置

合意書には，次の場合に後継者以外の推定相続人がとることができる措置を定める必要がある。
① 後継者が合意の対象とした株式等を処分した場合
② 旧代表者の生存中に後継者が代表者でなくなった場合

(5) 衡平を図るための措置

除外合意・固定合意とも後継者にとって有利な内容であるため，非後継者との衡平を図るため，非後継者にとって有利な定めを置くことができる。具体的には「後継者は非後継者に対し金〇円を支払う」などが想定される。

(6) 対象となる中小企業者

円滑化法3条1項は遺留分に関する民法の特例制度を利用できる会社を「特

例中小企業者」と定義している。「特例中小企業者」とは中小企業者のうち一定期間以上継続して事業を行っているものとして経済産業省令で定める要件に該当する会社（金融商品取引法2条16項に規定する金融商品取引所に上場されている株式又は同法67条の11第1項の店頭売買有価証券登録原簿に登録されている株式を発行している株式会社を除く）をいう。

　ここで「中小企業者」の範囲は，下表のとおり中小企業基本法上の中小企業者を基本とし，既存の中小企業支援法と同様に業種の実態を踏まえ政令によりその範囲を拡大しており，その営む業種により以下のような会社又は個人とされている（円滑化法2，同施行令，同施行規則1①）。

　なお，医療法人や社会福祉法人，外国会社は法における中小企業者には該当しない。

【法の対象となる中小企業者の範囲】

中小企業基本法上の中小企業者の定義

	資本金 又は	従業員数
製造業その他	3億円以下	300人以下
卸売業	1億円以下	100人以下
小売業	5千万円以下	50人以下
サービス業		100人以下

政令により範囲を拡大した業種
（灰色部分を拡大）

	資本金 又は	従業員数
ゴム製品製造業（自動車又は航空機用タイヤ及びチューブ製造業並びに工業用ベルト製造業を除く）	3億円以下	900人以下
ソフトウェア・情報処理サービス業	3億円以下	300人以下
旅館業	5千万円以下	200人以下

事例2　遺留分に関する民法の特例

<概　要>

① Y社の株式の相続評価は，現在は一般の評価会社（大会社で類似業種比準価額のみ）であるため総額1億円程度であるが，株式保有特定会社に該当すると，総額10億円以上になる。

② Y社の大株主かつ代表取締役会長であるAは，相続評価が低いうちに後継者である子Bに自己が所有する820株のうち800株を相続時精算課税により贈与した（Y社の発行済株式は1,000株）。

③ A会長は，配偶者Cには不動産を贈与し，子Dには金銭3,000万円を贈与している。

④ 将来，A会長の相続発生時に遺留分の減殺請求をされるリスクをなくすため，遺留分に関する民法特例の手続（除外合意）を行うこととした。

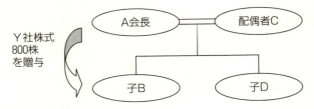

<合意書作成の留意点>

・ 合意の対象となる財産は，既に贈与した財産のみ（合意書作成時点で贈与していない財産は対象とならない）。

・ 衡平を図るための措置は，必ずしも入れなくともよいが，非後継者の心情や裁判所手続を考えると入れた方がよい。

・ 合意書作成は，先代経営者が元気なうちに先代経営者が音頭を取って行う（後継者が勝手に始めたと思われると，非後継者の合意を得るのが難しくなる）。

【事例2における合意書の例】

合 意 書

　旧代表者Aの遺留分を有する推定相続人である後継者B，C及びDは，中小企業における経営の承継の円滑化に関する法律（以下，単に「法」という）に基づき，以下のとおり合意する。
（目的）
第1条　本件合意は，BがAからの贈与により取得したY社の株式につき遺留分の算定に係る合意等をすることにより，Y社の経営の承継の円滑化を図ることを目的とする。
（確認）
第2条　B，C及びDは，次の各事項を相互に確認する。
①　AがY社の代表取締役であること。
②　B，C及びDがいずれもAの推定相続人であり，かつ，これらの者以外にAの推定相続人が存在しないこと。
③　Bが，現在，Y社の総株主（但し，株主総会において決議をすることができる事項の全部につき議決権を行使することができない株主を除く）の議決権1,000個の過半数である800個を保有していること。
④　Bが，現在，Y社の代表取締役であること。
（除外合意）
第3条　B，C及びDは，BがAからの平成○○年○○月○○日付け贈与により取得したY社の株式800株について，次のとおり合意する。
　　上記800株のうち800株について，Aを被相続人とする相続に際し，その相続開始時の価額を遺留分を算定するための財産の価額に算入しない。
（後継者以外の推定相続人がとることができる措置）
第4条　Bが第3条の合意の対象とした株式を処分したときは，C及びDは，Bに対し，それぞれ，Bが処分した株式数に20万円を乗じて得た金額を請求できるものとする。
2　BがAの生存中にY社の代表取締役を退任したときは，C及びDは，Bに対し，それぞれ2,000万円を請求できるものとする。
3　前2項のいずれかに該当したときは，C及びDは，共同して，本件合意を解除することができる。
4　前項の規定により本件合意が解除されたときであっても，第1項又は第2項の金員の請求を妨げない。

（衡平を図るための措置）
第5条　B，C及びDは，Aの推定相続人間の衡平を図るための措置として，次の贈与の全部について，Aを被相続人とする相続に際し，その相続開始時の価額を遺留分を算定するための財産の価額に算入しないことを合意する。
　①　CがAから平成〇〇年〇〇月〇〇日付け贈与により取得した下記の土地
　　　〇〇所在〇〇番〇〇宅地〇〇㎡
　②　DがAから平成〇〇年〇〇月〇〇日付け贈与により取得した現金3,000万円
（経済産業大臣の確認）
第6条　Bは，本件合意の成立後1ヵ月以内に，法7条所定の経済産業大臣の確認の申請をするものとする。
2　C及びDは，前項の確認申請手続に必要な書類の収集，提出等，Bの同確認申請手続に協力するものとする。
（家庭裁判所の許可）
第7条　Bは，前条の経済産業大臣の確認を受けたときは，当該確認を受けた日から1ヵ月以内に，第3条ないし第5条の合意につき，管轄家庭裁判所に対し，法8条所定の許可審判の申立をするものとする。
2　C及びDは，前項の許可審判申立手続に必要な書類の収集，提出等，Bの同許可審判手続に協力するものとする。

以上の合意を証するため，本書を作成し，各推定相続人が署名捺印する。

平成〇〇年〇月〇日
本籍
住所
推定相続人　〇〇　〇〇　印
本籍
住所
推定相続人　〇〇　〇〇　印
本籍
住所
推定相続人　〇〇　〇〇　印

遺留分に関する民法の特例制度は，自社株の遺留分対策として非常に有効な制度と考えられるが，中小企業庁によると，平成28年3月末時点で117件と低迷している。制度が普及しない要因として，次のようなものが考えられる。
　①　そもそも制度が周知されていない。
　②　旧代表者（現経営者）及び後継者が，遺留分に関心がない他の推定相続人について「寝た子を起こすのでは」と慎重になる。
　③　既に推定相続人間の関係が良好ではなく，合意を得ることが難しい。
　皮肉なことに，遺留分に関する民法の特例の実現可能性が高いのは，推定相続人間の関係が円満で将来相続が発生しても問題が生じる可能性の低いケースである。

(7)　特例の対象者の拡充

　年々増加していると言われる「親族外承継」に対応するため，親族外の後継者であっても事業承継税制の適用を受けられるように改正が行われているが，遺留分に関する民法の特例においても，同様に親族外の後継者も適用を受けられるように改正が行われている。
　事業承継税制であれば，後継者が親族であろうと親族外であろうと，自社株の贈与を受ければ贈与税の課税が生じ，相続又は遺贈を受ければ相続税の課税が生じるため，親族外承継においても事業承継税制のニーズはあるだろう。
　しかし，遺留分については，少なくとも贈与の場合は，相続開始前の1年間にしたものに限り遺留分算定の基礎に算入することとされており，当事者双方が遺留分を侵害することを知って贈与をしたときに限り，1年前より前にしたものも遺留分算定の基礎に算入することとされている（民1030）。
　親族外の後継者が自社株の贈与を受けた場合は，「相続開始前1年以内の贈与」又は「遺留分侵害を知った上での贈与」でなければ，遺留分減殺請求の対象とされることは考えられないため，親族外の後継者についてこの制度を検討するケースは限定的だろう。

5 生命保険・種類株式の活用

その他の対応策として、「生命保険の活用」や「種類株式の活用」などが考えられる。

その他の遺留分の対応策としては、次のような方法が考えられる。

(1) 生命保険の活用

被相続人の死亡により相続人が取得する生命保険金については、被相続人が保険料を負担していれば、みなし相続財産として相続税の課税対象とされるものの、保険金受取人の固有財産であるため、原則として被相続人からの特別受益に該当しないものとされている。よって、「契約者：被相続人、被保険者：被相続人、受取人：後継者」とする生命保険を準備することで、後継者に相続財産の多くを承継させて遺留分の侵害が生じた場合でも、生命保険金を原資として後継者から非後継者に金銭を支払うことによって、自社株等を後継者が確保できる。

しかし、他の相続人との間に生ずる不公平が到底是認することができないほどに著しいものである場合は、生命保険金を特別受益に準じて持ち戻し計算の対象となるとした判例があるため、注意が必要である（最高裁平成16年10月29日判決）。

(2) 種類株式の活用

後継者に自社株の全てを承継させると非後継者の遺留分を侵害してしまうが、除外合意や固定合意が難しいという場合には、「後継者には普通株式を取得させ、非後継者には配当優先の無議決権株式を取得させる」などとすれば、非後継者の遺留分を侵害せずに議決権を後継者に集約させることが可能である。

経営は後継者のみの判断で行うことができ、非後継者には配当金という形で将来に渡って金銭を渡すことができる。

(3) 養子縁組

　遺留分は全体の遺留分を算定した後，個々の相続人の法定相続分で按分して計算することとされているため，後継者の配偶者や子と養子縁組をして法定相続人の数を増やすことで，非後継者の遺留分を減少させることができる。

　事業承継コンサルティングをする際，遺留分は無視できない問題である。
　筆者が関与した案件でも，遺留分減殺請求により，相続開始から解決まで7年を要したものがある。一番時間がかかるのは特別受益の確定であり，双方が相手の特別受益を指摘し，逆に自己の特別受益はないと主張する。係争が続くうちに相手に対する憎悪が一層強くなる。こうなると簡単には終わらない。
　我々専門家はどうしても経営者・後継者寄りになってしまうが，非後継者の立場に立って考えると，後継者にばかり財産が集中することに不満を持つ気持ちも理解できる。いくら容易に処分ができないとはいえ，自社株を承継すれば，例えば好立地の不動産を所有する会社である場合，後継者の能力に関わらず安定的な収入を得られる可能性が高く，また仮に会社を清算することになれば多額の資金が手に入るであろう。非後継者への配慮にも留意したい。

6　承継を「売買」として行う方法

　自社株の承継を「贈与」でなく「売買」で行うことで，そもそも遺留分算定に含まれないようにするか，又は含まれても減殺請求のリスクを軽減することはできる。

(1) 遺留分算定時の時価

　自社株の相続税評価額が低ければ，後継者に贈与しても大した税負担を必要とせずに承継させることが可能である。
　しかし，将来の相続開始時に自社株の評価が著しく増加している場合，遺留分算定は相続開始時の時価によるため，後継者以外の相続人から減殺請求を受

けるリスクがある。

　自社株に限らず，相続税評価額は一般的にいわゆる時価よりも低い金額となるように定められている。

　不動産であれば一般的に鑑定評価や公示価格等が時価と考えられているが，自社株については，相続税評価額であれば財産評価基本通達により評価できるものの，いわゆる時価（特に遺産分割時や遺留分算定時における時価）については，公表されている判例等もなく評価方法が確立されているとはいえない。

　税理士の立場で考えると，一つの参考となるのは，実務上，非上場株式を売買する際に利用される「所得税基本通達59－6」，「法人税基本通達9－1－14」による評価額である。これらの通達はほぼ同じ内容で，財産評価基本通達による相続税評価額をベースに，一定の修正を加えることで所得税法又は法人税法上，適正な時価と認めるもので，過去の税務訴訟等においても，適正な売買価格の参考にしているものである。

<法人税基本通達9－1－14要約>
　非上場株式の時価について，課税上弊害がない限り，下記の3つの修正を加えることで，相続税評価額（財産評価基本通達による評価）を準用して評価することを認めている。
（条件1）　株主である法人が「中心的な同族株主」に該当するときは，その株式の発行法人は常に「小会社」に該当するものとして評価すること。
　　　　（注）　類似業種比準価額と純資産価額との併用方式（Lの割合0.5）によることができる。
（条件2）　純資産価額方式で評価する場合において，株式の発行法人が土地（借地権を含む）と上場有価証券を有するときは，これらの資産は「時価」により評価すること。
（条件3）　純資産価額方式による株価の算定に際し，評価差額に対する法人税等相当額の控除（平成28年4月1日以降，37％控除）は行わないこと。

(2) 低額譲渡の場合

　自社株を個人間で売買する場合において，オーナー社長が従業員等の少数株

主から額面金額程度で購入すると，オーナー社長は著しく低い価額の対価で自社株を取得したと考えられ，オーナー社長に対して「相続税評価額」と「実際の購入価格」との差額に対して贈与税が課税される。

一方，相続税の原則評価額以上での売買であれば，贈与税は課税されないものと考えられているため，オーナー社長から後継者に相続税評価額で譲渡することで自社株を承継させることもある。

民法上，不相当な対価をもってした有償行為（時価より低額での売買）は，当事者双方が遺留分権利者に損害を加えることを知ってしたものに限り，これを贈与とみなすこととされている（民1039）。

また，仮に相続税評価額での売買が不相当な対価による売買に該当したとしても，遺留分権利者は，減殺請求するときは，その対価を償還しなければならないこととされている（民1039）。

自社株の評価対策をして，株価引下げ後の相続税評価額での売買であっても，優良な会社であればそれなりの金額になるだろう。後継者以外の相続人は，過去に行われた自社株売買について不相当な対価による売買に該当するのか判断しなければならない。

自社株の承継を売買により行うことで，遺留分減殺請求のリスクを軽減する効果はあるだろう。

事例3　自社株贈与と遺留分算定

＜概　要＞
① 現経営者Aは，不動産業を営む甲社のオーナー社長である。
② 甲社は過去好業績だった時期もあるが，業績には波があり，5年前は不良在庫のために甲社株式の時価純資産評価がほぼゼロになっていた。
③ 現経営者Aは，「税負担なく自社株を承継できるなら」と，後継者である子Cに甲社株式の大半を贈与した。
④ 現経営者Aに相続が発生したが，相続発生時の甲社株式の時価純資産評価は数億円となっていた。

⑤ 子Cは子Dから遺留分減殺請求を受けた。

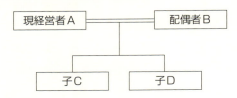

<考え方>
- 自社株の評価額が低いときに後継者に贈与することは、承継のための税負担を抑えることに関しては非常に有効である。
- しかし、遺留分を算定する際の評価額は、相続開始時の時価によることとされているため、贈与時には甲社株式がほぼ無価値であったとしても、遺留分算定上は数億円の評価となってしまう。

<対応策>
- 仮に、5年前に贈与でなく「子Cが時価(時価純資産がゼロであれば1円)で購入」としていれば、甲社株式の売買により子Cが受けた利益はないため、甲社株式について遺留分算定に含まれないこととなる。

7 遺留分制度の見直し

民法相続法の改正により、遺留分制度の見直しがされるため、注意が必要である。

(1) 民法相続法の改正

民法における相続法制については改正が検討され、平成30年7月6日に改正法が成立、7月13日に公布された。

主な改正内容は、「配偶者居住権の創設」、「預貯金債権の払戻し」、「自筆証書遺言の要件緩和」、「遺留分制度の見直し」、「寄与分の見直し」となっている。

(2) 遺留分制度に関する見直し

遺留分制度の見直しのうち，自社株承継についても影響が大きいと思われるのは，次の3点である。

① 遺留分算定の基礎財産に含まれる生前贈与

現行制度では，相続人に対する贈与は，何十年も前に行われた贈与であっても，特別受益として遺留分算定の基礎財産に含まれるものとされているが，改正により，原則として相続開始前10年以内に限るものとされる。

従来から自社株の贈与は特別受益に該当するものと考えられていたが，この改正により早期に自社株を贈与することで遺留分算定から除外できる可能性が高くなる。

なお，改正後も，当事者双方が遺留分権利者に損害を加えることを知って贈与をしたときは，10年前の日より前にしたものであっても，遺留分算定の基礎財産に含まれるため注意が必要である。

② 遺留分減殺請求権により生ずる権利

遺留分減殺請求権の行使によって当然に共有状態が発生していたが，改正により，遺留分に関する権利の行使によって遺留分侵害額に相当する金銭債権が生ずることとされる。

この改正により，遺留分減殺請求による自社株等の共有状態を避けることができるが，金銭支払は必要となる。

③ 遺留分侵害額の支払時期

遺留分権利者から金銭請求を受けた受遺者又は受贈者が，金銭を直ちには準備できない場合には，受遺者等は，裁判所に対し金銭債務の全部又は一部の支払につき期限の許与を求めることができることとされる。

この改正により，遺留分侵害額の金銭を直ちに準備できない場合でも，一定期間猶予される可能性がある。ただし，どの程度の期間猶予されるかは現時点では不明である。

(3) 施行期日

改正法の施行期日は，原則として，公布の日から1年以内に施行（別途政令で指定）することとされている。

なお，遺言書の方式緩和については平成31年1月13日から施行され，また，配偶者居住権については公布の日から2年以内に施行される。

【新旧対照表】

改正前	改正後
第1029条（遺留分の算定） 　遺留分は，被相続人が相続開始の時において有した財産の価額にその贈与した財産の価額を加えた額から債務の全額を控除して，これを算定する。 2　条件付きの権利又は存続期間の不確定な権利は，家庭裁判所が選任した鑑定人の評価に従って，その価格を定める。	第1043条（遺留分を算定するための財産の価額） 　遺留分を算定するための財産の価額は，被相続人が相続開始の時において有した財産の価額にその贈与した財産の価額を加えた額から債務の全額を控除した額とする。 2　条件付きの権利又は存続期間の不確定な権利は，家庭裁判所が選任した鑑定人の評価に従って，その価格を定める。
第1030条 　贈与は，相続開始前の1年間にしたものに限り，前条の規定によりその価額を算入する。当事者双方が遺留分権利者に損害を加えることを知って贈与をしたときは，1年前の日より前にしたものについても，同様とする。	第1044条 　贈与は，相続開始前の1年間にしたものに限り，前条の規定によりその価額を算入する。当事者双方が遺留分権利者に損害を加えることを知って贈与をしたときは，1年前の日より前にしたものについても，同様とする。 2　第904条の規定は，前項に規定する贈与の価額について準用する。 3　相続人に対する贈与についての第1項の規定の適用については，同項中「1年」とあるのは「10年」と，「価額」とあるのは「価額（婚姻若しくは養子縁組のため又は生計の資本として受けた贈与に限る。）」とする。

第1031条（遺贈又は贈与の減殺請求） 　遺留分権利者及びその承継人は，遺留分を保全するのに必要な限度で，遺贈及び前条に規定する贈与の減殺を請求することができる。	削除
<u>新設</u>	第1046条（遺留分侵害額の請求） 　遺留分権利者及びその承継人は，受遺者（特定財産承継遺言により財産を承継し又は相続分の指定を受けた相続人を含む。以下この章において同じ。）又は受贈者に対し，遺留分侵害額に相当する金銭の支払を請求することができる。 （以下略）
<u>新設</u>	第1047条（受遺者又は受贈者の負担額） （中略） 5　裁判所は，受遺者又は受贈者の請求により，第1項の規定により負担する債務の全部又は一部の支払につき相当の期限を許与することができる。

第 2 章

自社株の評価

1　自社株の評価の基本

　自社株の承継方法を検討する際には，まずは現状把握のために自社株の現時点での評価額を把握し，どの程度の承継コスト（主に相続税）がかかるのかを知る必要がある。自社株対策として相続評価の引下げを行う場合でも，対策後の想定評価額を算定できなければ，対策によりどの程度の効果が見込めるのかがわからない。相続による移転であっても，贈与による移転であっても，財産評価基本通達における取引相場のない株式の評価の定めにより，評価額を求めることになる。

　取引相場のない株式を評価する場合には，【図表１】の手順により行うこととなる。

　まずは「評価上の株主の判定」をして，原則的評価方式・特例的評価方式のいずれで評価すべきかの判断をする。続いて「会社規模の判定」を行い，会社規模によってのちに算定する類似業種比準方式，純資産価額方式及びその併用方式のいずれにより評価をするかが決まる。次に，類似業種比準方式及び純資産価額方式による評価額の算定を行い，最後に「特定の評価会社の判定」をすることにより，最終的に取引相場のない株式の評価額を求めることができる。

【図表１：取引相場のない株式の評価の流れ】

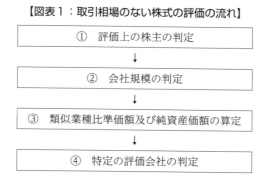

第２章　自社株の評価

後継者へ承継する際の自社株評価は，ほぼ原則的評価方式となるが，後継者以外は親族であっても特例的評価方式によることができる場合もある。

2 評価上の株主の判定

1 株主区分の判定

筆頭である同族株主グループの議決権割合により、同族株主のいる会社と同族株主のいない会社に区分される。いずれの会社区分であっても、議決権割合が少ない株主は配当還元方式による評価が認められる。

(1) 株主の議決権割合等による評価方法の判定

取引相場のない株式の価額は、評価会社の規模に応じ、原則として類似業種比準方式、純資産価額方式及びこれらの併用方式によって評価することとされている。しかし、議決権割合が少ない株主等（少数株主）が所有する株式については、特例的評価方式（配当還元方式）が認められている。

(2) 配当還元方式が適用される株主（評基通188）

配当還元方式が適用される株主は、次のとおりである。
① 同族株主（注1）のいる会社の同族株主以外の株主
② 同族株主のいる会社の同族株主のうちで、いずれかの同族株主グループの中に中心的な同族株主（注2）がいる場合における中心的な同族株主以外の株主で、株式取得後の議決権の数がその会社の議決権総数の5％未満である者。ただし、その会社の役員（社長、理事長並びに法人税法施行令71条1項1号、2号、4号に掲げる者をいう）である者及び法定申告期限までに役員となる者を除く。
③ 同族株主のいない会社の株主のうち、課税時期において株主の1人及びその同族関係者の有する議決権の合計数が、その会社の議決権総数の15％未満である者。

④　中心的な株主(注3)がおり，かつ，同族株主のいない会社の株主のうち，課税時期において株主の1人及びその同族関係者の有する議決権の合計数がその会社の議決権総数の15％以上である場合におけるその株主で，その者の株式取得後の議決権の数がその会社の議決権総数の5％未満である者。ただし，上記②の役員である者及び役員となる者を除く。

(注)1　「同族株主」とは，課税時期における評価会社の株主のうち，株主の1人及びその同族関係者（法人税法施行令4条に規定する特殊の関係のある個人又は法人をいう）の有する議決権の合計数がその会社の議決権総数の30％以上である場合におけるその株主及びその同族関係者をいう。
　　　　ただし，評価会社の株主のうち，筆頭グループの有する議決権の合計数が，その評価会社の議決権総数の50％超である会社については，その50％超の議決権を有するグループの株主だけが「同族株主」となり，その他の株主は全て同族株主以外の株主となる。
　　2　「中心的な同族株主」とは，同族株主のいる会社の株主で，課税時期において同族株主の1人並びにその株主の配偶者，直系血族，兄弟姉妹及び1親等の姻族（これらの者の同族関係者である会社のうち，これらの者が有する議決権の合計数がその会社の議決権総数の25％以上である会社を含む）の有する議決権の合計数がその会社の議決権総数の25％以上である場合におけるその株主をいう。
　　3　「中心的な株主」とは，課税時期において株主の1人及びその同族関係者の有する議決権の合計数がその会社の議決権総数の15％以上である株主グループのうち，いずれかのグループに単独でその会社の議決権総数の10％以上の議決権を有している株主がいる場合におけるその株主をいう。

株主の区分の判定と評価方式の関係は，【図表1】のようになる。

【図表１：株主の区分による評価方法】

株主の態様				評価方式
同族株主のいる会社	同族株主	取得後の議決権割合５％以上		原則的評価方式
		取得後の議決権割合５％未満	中心的な同族株主がいない場合	
			中心的な同族株主がいる場合：中心的な同族株主	
			中心的な同族株主がいる場合：役員である株主又は役員となる株主	
			その他	配当還元方式 (原則的評価方式も選択可能)
	同族株主以外の株主			
同族株主のいない会社	議決権割合の合計が15％以上のグループに属する株主	取得後の議決権割合５％以上		原則的評価方式
		取得後の議決権割合５％未満	中心的な株主がいない場合	
			中心的な株主がいる場合：役員である株主又は役員となる株主	
			その他	配当還元方式 (原則的評価方式も選択可能)
	議決権割合の合計が15％未満のグループに属する株主			

　オーナー経営者から後継者への承継を考える際は，通常は大株主であることから，特例的評価方式（配当還元価額）になることはほとんどないが，事例１のように，親族であっても一定の要件を満たせば配当還元価額により株式を承継させることが可能である。

事例１　株主の判定

＜概　要＞

① 　同族会社甲社は，現代表取締役Ａと弟の専務取締役Ｂが父から引き継いだ会社である。

② 　Ａの推定相続人は，配偶者Ｃ（非常勤の取締役で経営に関わっていない）のみであり，Ｃには甲社の経営を承継するつもりはない。

③ 　Ｂの子Ｄは甲社の常務取締役であり，Ｄに甲社の経営を承継する予定である。

④ 　Ａは，Ｃにある程度の収入が入るようにとの思いから，甲社株式の一

部（発行済株式の40％程度）をCに渡したいと考えている。
⑤　甲社株式の相続評価は，原則評価＠100万円，配当還元評価＠10万円である。
⑥　甲社の現状の株主構成は，以下のとおりである。

	株　数	議決権
A	60株	60％
Aの弟B	40株	40％
Aの配偶者C	0株	0％
Bの子D	0株	0％
合計	100株	100％

＜考え方＞

・　CはAから40％の議決権株式を取得すると，贈与でも相続でも，Cの議決権が25％以上となることから中心的同族株主に該当し，原則評価＠100万円で評価される。

・　Cが取得する予定の議決権株式を無議決権株式にすることにより，Cは議決権割合が5％未満，他に中心的な同族株主がおり（B又はD），Cは役員でない（平取締役はここでいう役員に該当しない）ため，配当還元評価＠10万円での取得が可能となる。

・　無議決権化により，後継者であるDが100％議決権を保有できるので，会社経営の面からも好ましい。

・　Aが「Cが亡くなった後は，Dに承継させたい」と考えているのであれば，受益者連続型信託により，Aの意志で確実にDへ承継させることも可能である（詳細は第4章）。

> **法人税法施行令71条（使用人兼務役員とされない役員）**
> 　法第34条第5項（使用人としての職務を有する役員の意義）に規定する政令で定める役員は，次に掲げる役員とする。
> 一　代表取締役，代表執行者，代表理事及び清算人
> 二　副社長，専務，常務その他これらに準ずる職制上の地位に有する役員
> 四　取締役（指名委員会等設置会社の取締役及び監査等委員である取締役に限る。），会計参与及び監査役並びに監事

　非上場会社では，指名委員会等設置会社に該当することはほぼ考えられないので，平取締役については基本的に株主の判定における「役員」に含まれないこととなる。

> **法人税法施行令4条（同族関係者の範囲）**
> 　法第2条第10号（同族会社の意義）に規定する政令で定める特殊の関係のある個人は，次に掲げる者とする。
> 一　株主等の親族
> 二　株主等と婚姻の届出をしていないが事実上婚姻関係と同様の事情にある者
> 三　株主等（個人である株主等に限る。次号において同じ。）の使用人
> 四　前3号に掲げる者以外の者で株主等から受ける金銭その他の資産によって生計を維持しているもの
> 五　前3号に掲げる者と生計を一にするこれらの者の親族
> 2　法第2条第10号に規定する政令で定める特殊の関係のある法人は，次に掲げる会社とする。
> 一　同族会社であるかどうかを判定しようとする会社の株主等（当該会社が自己の株式又は出資を有する場合の当該会社を除く。以下この項及び第4項において「判定会社株主等」という。）の1人（個人である判定会社株主等については，その1人及びこれと前項に規定する特殊の関係のある個人。以下この項において同じ。）が他の会社を支配している場合における当該他の会社
> 二　判定会社株主等の1人及びこれと前号に規定する特殊の関係のある会社が他の会社を支配している場合における当該他の会社
> 三　判定会社株主等の1人及びこれと前2号に規定する特殊の関係のある会社が他の会社を支配している場合における当該他の会社
> 3　前項各号に規定する他の会社を支配している場合とは，次に掲げる場合のいず

れかに該当する場合をいう。
一　他の会社の発行済株式又は出資（その有する自己の株式又は出資を除く。）の総数又は総額の100分の50を超える数又は金額の株式又は出資を有する場合
二　他の会社の次に掲げる議決権のいずれかにつき，その総数（当該議決権を行使することができない株主等が有する当該議決権の数を除く。）の100分の50を超える数を有する場合
　　イ　事業の全部若しくは重要な部分の譲渡，解散，継続，合併，分割，株式交換，株式移転又は現物出資に関する決議に係る議決権
　　ロ　役員の選任及び解任に関する決議に係る議決権
　　ハ　役員の報酬，賞与その他の職務執行の対価として会社が供与する財産上の利益に関する事項についての決議に係る議決権
　　ニ　剰余金の配当又は利益の配当に関する決議に係る議決権
三　他の会社の株主等（合名会社，合資会社又は合同会社の社員（当該他の会社が業務を執行する社員を定めた場合にあっては，業務を執行する社員）に限る。）の総数の半数を超える数を占める場合

4　同一の個人又は法人（人格のない社団等を含む。以下同じ。）と第2項に規定する特殊の関係のある2以上の会社が，判定会社株主等である場合には，その2以上の会社は，相互に同項に規定する特殊の関係のある会社であるものとみなす。

5　法第2条第10号に規定する政令で定める場合は，同号の会社の株主等（その会社が自己の株式又は出資を有する場合のその会社を除く。）の3人以下並びにこれらと同号に規定する政令で定める特殊の関係のある個人及び法人がその会社の第3項第2号イからニまでに掲げる議決権のいずれかにつきその総数（当該議決権を行使することができない株主等が有する当該議決権の数を除く。）の100分の50を超える数を有する場合又はその会社の株主等（合名会社，合資会社又は合同会社の社員（その会社が業務を執行する社員を定めた場合にあっては，業務を執行する社員）に限る。）の総数の半数を超える数を占める場合とする。

6　個人又は法人との間で当該個人又は法人の意思と同一の内容の議決権を行使することに同意している者がある場合には，当該者が有する議決権は当該個人又は法人が有するものとみなし，かつ，当該個人又は法人（当該議決権に係る会社の株主等であるものを除く。）は当該議決権に係る会社の株主等であるものとみなして，第3項及び前項の規定を適用する。

同族関係者の範囲には、基本的には親族等及び親族等で50％超支配している会社が含まれることとなる。

2　議決権割合の判定

> 議決権割合の判定の際、自己株式や無議決権株式がある場合等、持株割合と議決権割合が異なることがある。また、持合株式がある場合は会社法の規定により議決権がなくなることがあるため、特に注意が必要である。

(1)　自己株式を有する場合の議決権総数

評価会社が自己株式を有する場合には、その自己株式に係る議決権の数はゼロとして計算した議決権の数をもって評価会社の議決権総数とする（評基通188－3）。

(2)　議決権に制限のある株式がある場合の議決権総数

会社法では、議決権を行使することができる事項について制限を設けた「議決権制限株式」の規定が設けられている。「議決権制限株式」には、全部の事項について議決権を行使できない株式（完全無議決権株式）と、一部の事項について議決権を行使できない株式（例えば、取締役選任決議についてのみ議決権を付与される株式）が存在する。

議決権制限株式を発行している場合における議決権の数又は議決権総数の判定に当たっては、株主総会の一部の事項について議決権を行使できない株式に係る議決権の数を含める（評基通188－5）。

一方、株主総会の全部の事項について議決権を行使できない株式（完全無議決権株式）に係る議決権の数については、当然に、議決権の数及び議決権総数に含めない。

(3) 相互保有株式（持合株式）に係る議決権の数

　会社法308条1項の規定により，一方の法人が他方の法人の議決権を25％以上有する場合において，当該他方の法人が当該一方の法人の議決権を有するときは，当該他方の法人が有する議決権は有しないこととされる。

　評価会社の株式につき議決権を有しないこととされている会社がある場合には，その会社の有する評価会社の議決権の数はゼロとして計算した議決権の数をもって評価会社の議決権総数とする。

　評価会社の株主の同族関係者に該当するかどうかを判定するときにおいても同様である（評基通188－4）。

　【図表2】のように，A社がB社の議決権を30％（25％以上）有する場合において，B社がA社の議決権（5％）を有するときは，B社はA社に対して議決権を行使することができない。そこで，株主判定における議決権の計算において，5％を議決権総数から除外することとなる。

会社法308条（議決権の数）
　　株主（株式会社がその総株主の議決権の4分の1以上を有することその他の事由を通じて株式会社がその経営を実質的に支配することが可能な関係にあるものとして法務省令で定める株主を除く。）は，株主総会において，その有する株式1株につき1個の議決権を有する。ただし，単元株式数を定款で定めている場合には，1単元の株式につき1個の議決権を有する。
2　前項の規定にかかわらず，株式会社は，自己株式については，議決権を有しない。

【図表2：持合株式】

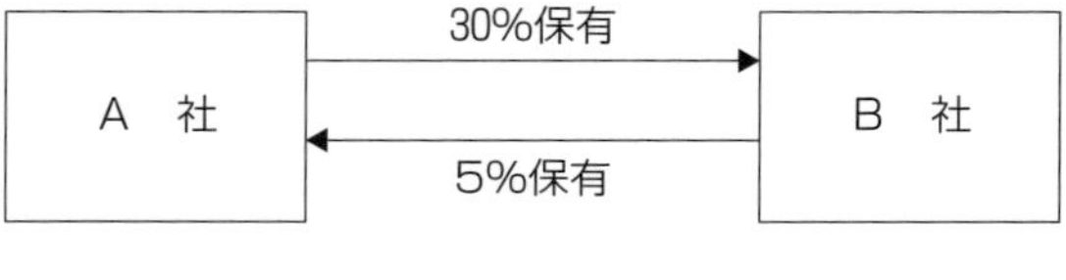

```
            30％保有
    ┌─────┐ ───────→ ┌─────┐
    │ A 社 │            │ B 社 │
    └─────┘ ←─────── └─────┘
             5％保有
```

事例2　議決権有無の判定

<概　要>

A社，B社，C社による株式の持ち合い状況は，以下のとおりである。

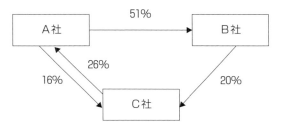

<考え方>

- A社はB社の議決権の50％超を有するため，B社はA社の同族関係者となる。
- A社はC社の議決権を合計36％（直接16％，間接20％）有するが，C社に議決権を26％（25％以上）保有されているため，A社及びB社の議決権36％は行使できない。
- C社はA社の議決権を26％有するが，A社に議決権を36％（25％以上）保有されているため，C社の議決権26％は行使できない。

3　遺産分割が整わない場合

相続があった場合において，申告期限までに遺産分割が整わないときは，ひとまず各納税義務者が全株式を取得するものとして申告する必要がある。

遺産未分割の状態は，遺産の分割により具体的に相続財産を取得するまでの間の暫定的，過渡的な状態であり，将来，各相続人等がその法定相続分等に応じて確定的に取得するとは限らない。そこで，その納税義務者につき特例的評価方式を用いることが相当か否かの判定をする場合には，当該納税義務者が当該株式の全部を取得するものとして行う必要がある。

また，その後，遺産分割協議が成立した場合は，取得した株式に応じた議決数を基に判定をやり直すことになる。

事例3　未分割である場合の議決権割合

＜概　要＞

① 〇㈱株式は，被相続人甲とその同族関係者で議決権総数の92％を保有しており，残り8％は同族外の少数株主が所有している。
② 乙，X，Yは〇㈱の役員ではなく，今後も役員にはならない。
③ 相続税の申告期限において，被相続人甲が所有していた〇㈱株式は未分割であった。
④ 申告期限後に遺産分割協議が終了し，配偶者乙が1％，長男Xが2％，二男Yが3％を相続することが決まった。

【〇㈱の株主構成】

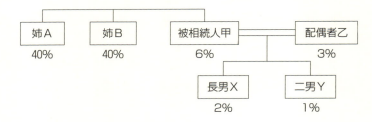

＜考え方＞

・相続税の申告期限（被相続人甲が所有していた〇㈱株式は未分割状態）における株主の判定は，各納税義務者が当該株式の全部を取得するものとして判定する。

（株主判定）

配偶者乙：3％（既所有分）＋6％（相続分）＝9％≧5％
長男X　：2％（既所有分）＋6％（相続分）＝8％≧5％
二男Y　：1％（既所有分）＋6％（相続分）＝7％≧5％
　∴　全員，原則的評価

- 遺産分割協議が終了し，O㈱株式を，配偶者乙が1％，長男Xが2％，二男Yが3％を相続することが決まった時点での株主判定は，取得した株式に応じた議決権を基に判定をし直す。

（株主判定）

配偶者乙：3％（既所有分）＋1％（相続分）＝4％＜5％

長 男 X：2％（既所有分）＋2％（相続分）＝4％＜5％

二 男 Y：1％（既所有分）＋3％（相続分）＝4％＜5％

　∴　全員，特例的評価

- 更正の請求により，過払いとなった税額は還付を受けられるものの，申告期限までに分割が整うか，又は遺言があれば，当初から納付する必要がなかったものである。

3 会社規模の判定

1 会社規模による評価方法の違い

会社規模により評価方法が変わってくるが,基本的に会社規模が大きい方が評価が低くなり,また自社株対策による評価引下げも容易である。

(1) 会社規模の判定(評基通178)

　自社株の評価は,会社の規模によって評価方法が異なる。まずは業種を「卸売業」「小売・サービス業」「卸売業,小売・サービス業以外」の3つに区分して,規模判定を行う。

　規模判定に用いる要素は,「従業員数」「総資産価額(帳簿価額によって計算した金額)」「直前期末以前1年間における取引金額」の3つであり,従業員数70人以上の場合は他の要素にかかわらず大会社に該当し,その他の場合は「総資産価額基準と従業員数基準のいずれか下位の区分」と「取引金額基準」のいずれか上位の区分により大会社・中会社・小会社の判定を行う。

　従業員数70人未満である場合において,「卸売業」「小売・サービス業」「卸売業,小売・サービス業以外」のそれぞれについて会社規模の判定をまとめたものが【図表1】である。図表において,総資産価額の基準(従業員数を加味)と取引金額基準のいずれか上位の区分に該当するものとする。

【図表1:会社規模の判定】

○ 卸売業

総資産価額＼取引金額＼従業員数	2億円未満	2億円以上 3億5,000万円未満	3億5,000万円以上 7億円未満	7億円以上 30億円未満	30億円以上
7,000万円未満 又は5人以下	小会社				
7,000万円以上 (5人以下を除く)		中会社の小 (L=0.60)			
2億円以上 (20人以下を除く)			中会社の中 (L=0.75)		
4億円以上 (35人以下を除く)				中会社の大 (L=0.90)	
20億円以上 (35人以下を除く)					大会社

○ 小売・サービス業

総資産価額＼取引金額＼従業員数	6,000万円未満	6,000万円以上 2億5,000万円未満	2億5,000万円以上 5億円未満	5億円以上 20億円未満	20億円以上
4,000万円未満 又は5人以下	小会社				
4,000万円以上 (5人以下を除く)		中会社の小 (L=0.60)			
2億5,000万円以上 (20人以下を除く)			中会社の中 (L=0.75)		
5億円以上 (35人以下を除く)				中会社の大 (L=0.90)	
15億円以上 (35人以下を除く)					大会社

○ 卸売・小売・サービス業以外

総資産価額＼取引金額＼従業員数	8,000万円未満	8,000万円以上 2億円未満	2億円以上 4億円未満	4億円以上 15億円未満	15億円以上
5,000万円未満 又は5人以下	小会社				
5,000万円以上 (5人以下を除く)		中会社の小 (L=0.6)			
2億5,000万円以上 (20人以下を除く)			中会社の中 (L=0.75)		
5億円以上 (35人以下を除く)				中会社の大 (L=0.9)	
15億円以上 (35人以下を除く)					大会社

※ 「L」については,次の(3)参照。

(2) 各要素の計算（評基通178）

① 総資産価額（帳簿価額によって計算した金額）

　課税時期の直前に終了した事業年度の末日における評価会社の各資産の帳簿価額の合計額である。

② 従業員数の計算

　課税時期の直前期末以前1年間における評価する会社の従業員の勤務状況を基に判定する。

　「従業員数」は，直前期末以前1年間においてその期間継続して評価会社に勤務していた従業員（就業規則等で定められた1週間当たりの労働時間が30時間未満である従業員を除く。以下「継続勤務従業員」という。）の数に，直前期末以前1年間において評価会社に勤務していた従業員（継続勤務従業員を除く。）のその1年間における労働時間の合計時間数を従業員1人当たり年間平均労働時間数で除して求めた数を加算した数とする。

　この場合における従業員1人当たり年間平均労働時間数は，1,800時間とする。

$$継続勤務従業員の数 + \frac{継続勤務従業員以外の従業員の1年間の合計労働時間数}{1,800時間}$$

　なお，評価する会社の役員（社長，理事長並びに法人税法施行令71条1項1号，2号，4号に掲げる者をいう）は，従業員には含まれない。

③ 直前期末以前1年間における取引金額

　直前期末以前1年間における評価会社の目的とする事業に係る収入金額（金融業・証券業については収入利息及び収入手数料）とする。

④ 「卸売業」「小売・サービス業」「卸売業，小売・サービス業以外」の判定

　業種区分の判定は，総務省の日本標準産業分類による。そして，評価会社がいずれの業種に該当するかは，上記③の直前期末以前1年間における取引金額に基づき，その取引金額のうちに2以上の業種に係る取引金額が含まれている場合には，それらの取引金額のうち最も多い取引金額に係る業種によって判定

する。

(3) 会社規模別の評価方法（評基通179）

会社規模別の評価方法は【図表２】のとおりである。

大会社の株式については、類似業種比準価額により評価するが、１株当たりの純資産価額により評価することもできる。

中会社の株式については、類似業種比準価額と１株当たりの純資産価額との併用方式により評価するが選択により算式中の類似業種比準価額を１株当たりの純資産価額によって評価することもできる。【図表２】の算式中の「Ｌ」は、評価会社の総資産価額（帳簿価額によって計算した金額）及び従業員数又は直前期末以前１年間における取引金額に応じて、「0.9」「0.75」「0.6」のいずれかの割合とされており、判定要素の数値が大きくなるに従い類似業種比準価額の反映割合が大きくなる。

小会社の株式については、１株当たりの純資産価額により評価するが、選択によりＬの割合を0.5として中会社の株式に適用している併用方式で評価することもできる。

【図表２：会社規模別の評価方法】

会社規模	評　価　方　法
大 会 社	類似業種比準価額 又は 純資産価額
中 会 社	類似業種比準価額×Ｌ＋純資産価額×（１－Ｌ） 又は 純資産価額×Ｌ＋純資産価額×（１－Ｌ）
小 会 社	純資産価額 又は 類似業種比準価額×0.5＋純資産価額×（１－0.5）

一般的に類似業種比準価額は純資産価額よりも評価額が低く、また、対策により株価の引下げ効果を得ることが比較的容易であることから、会社規模を大きくして類似業種比準価額の反映割合を大きくすることは、自社株対策として

有効である。

2　株価対策

　会社規模を大きくするためには，取引金額（売上高），総資産価額，従業員数を増やすことが必要である。

　自社株の評価（相続税評価）については，原則的評価と特例的評価があるが，既に説明したとおり，親族内での承継を考えると，後継者が取得する自社株について特例的評価を適用できることは稀である。

　原則的評価の場合は，会社規模により，類似業種比準方式，純資産価額方式又はこれらの折衷方式により評価することとなるが，類似業種比準価額の方が純資産価額よりも低いことがほとんどである。また，自社株評価の引下げも，類似業種比準価額の方が選択肢が多く，かつ，容易である。

　よって，「類似業種比準方式の構成割合を増やすこと」，そして「評価の各要素を引き下げること」が自社株評価の引下げの基本となる。

　含み益のある不動産や有価証券を多く保有している会社や，歴史のある会社で過去の内部留保が厚いものの最近は利益が出ていない会社など，類似業種比準価額と純資産価額で大きな開きがある会社も多い。

　仮に売上高が14.5億円の会社（卸売業，小売・サービス業以外の業種，従業員は35人以下）で，類似業種比準価額が100，純資産価額が1,000であったとすると，中会社の大（L＝0.9）のため相続税評価額は190となる。当該会社が売上高をあと0.5億円計上できれば，大会社に該当するため相続税評価額は100となり，評価額を約半額に抑えられることとなる（厳密には中会社と大会社で類似業種比準価額は異なる）。

　会社規模を大きくするためには，主に次のような対策が考えられる。

＜主な対策＞

　① 他社を吸収合併することにより，取引金額，総資産価額，従業員数とも

増加が見込める（特に子会社や兄弟会社等のグループ会社があれば，法人税等のコストを抑えて比較的容易に実行可能である）。
② 借入により不動産等の資産を購入することで，総資産価額が増加する（賃貸物件であれば取引金額も増加する）。
③ 外部に委託していた事業を自社で行い，自社で従業員を直接雇用すれば従業員数が増加する（内容によっては取引金額の増加も見込める）。

3　改正の影響

平成29年度税制改正により，会社規模区分の判定基準の見直しがされた。改正により，上位区分の会社に該当しやすくなっている。

(1)　改正前の会社規模の判定（旧評基通178）

平成28年12月31日以前に相続等により取得した自社株については，従業員数100人以上の場合は大会社に該当し，従業員数が100人未満の場合は，【図表3】により判定する。

【図表３：改正前の会社規模の判定】

○ 卸売業

総資産価額 従業員数＼取引金額	2億円未満	2億円以上 25億円未満	25億円以上 50億円未満	50億円以上 80億円未満	80億円以上
7,000万円未満 又は5人以下	小会社				
7,000万円以上 （5人以下を除く）		中会社の小 （L＝0.60）			
7億円以上 （30人以下を除く）			中会社の中 （L＝0.75）		
14億円以上 （50人以下を除く）				中会社の大 （L＝0.90）	
20億円以上 （50人以下を除く）					大会社

○ 小売・サービス業

総資産価額 従業員数＼取引金額	6,000万円未満	6,000万円以上 6億円未満	6億円以上 12億円未満	12億円以上 20億円未満	20億円以上
4,000万円未満 又は5人以下	小会社				
4,000万円以上 （5人以下を除く）		中会社の小 （L＝0.60）			
4億円以上 （30人以下を除く）			中会社の中 （L＝0.75）		
7億円以上 （50人以下を除く）				中会社の大 （L＝0.90）	
10億円以上 （50人以下を除く）					大会社

○ 卸売業・小売・サービス業以外

総資産価額 従業員数＼取引金額	8,000万円未満	8,000万円以上 7億円未満	7億円以上 14億円未満	14億円以上 20億円未満	20億円以上
5,000万円未満 又は5人以下	小会社				
5,000万円以上 （5人以下を除く）		中会社の小 （L＝0.6）			
4億円以上 （30人以下を除く）			中会社の中 （L＝0.75）		
7億円以上 （50人以下を除く）				中会社の大 （L＝0.9）	
10億円以上 （50人以下を除く）					大会社

※ 総資産価額基準（従業員数を加味）と取引金額基準のいずれか上位の区分に該当するものとする。

(2) 改正の影響

会社規模の判定基準については，法人企業統計調査（財務省）等に基づき，大会社については，東京証券取引所第一部等の基準に新興市場の基準も加味した上場審査基準に相当する総資産価額等により算出し，中会社については，新興市場の上場審査基準等を基に総資産価額等を算出している。

改正前に比べ，特に卸売業における取引金額の変更が大きく，改正前は取引金額が30億円の会社でも「中会社の中」であったが，改正後は「大会社」に該当するため，類似業種比準方式のみで評価することができる。

卸売業，小売・サービス業以外の業種についても，改正前は取引金額が6億円でも「中会社の小」であったが，改正後は取引金額が4億円以上で「中会社の大」に該当する。

改正により，賃貸不動産の取得，グループ内の組織再編などで，会社規模を上位の区分にすることが比較的容易になっている。

4 類似業種比準価額の算定

1 類似業種比準方式

類似業種比準価額は，国税庁から公表される「類似業種比準価額計算上の業種目及び業種目別株価等について」により，類似業種の株価をベースに，「配当金額」「利益金額」「純資産価額」を比準させて計算する。

(1) 類似業種比準方式の概要（評基通180）

類似業種比準方式による具体的な計算式は【図表１】のとおりであり，評価会社の事業内容が類似する業種目の株価を基として，上場会社における類似業種１株当たりの「配当金額」，「利益金額」及び「純資産価額」の３つの比準割合を乗じて算出する。

なお，取引相場のない株式は，現実に取引市場を持たない株式の評価であることなどから，評価の安全性を考慮し，会社規模により比準価額の70％～50％相当額で評価する。

【図表１：類似業種比準価額の算式】

$$A \times \frac{\frac{《B》}{B} + \frac{《C》}{C} + \frac{《D》}{D}}{3} \times \begin{matrix} 0.7 & （大会社の場合） \\ 0.6 & （中会社の場合） \\ 0.5 & （小会社の場合） \end{matrix}$$

上の算式中「A」，「《B》」，「《C》」，「《D》」，「B」，「C」及び「D」は，それぞれ次による。

　A……類似業種の株価
　《B》……評価会社の１株当たりの配当金額
　《C》……評価会社の１株当たりの利益金額
　《D》……評価会社の１株当たりの純資産価額（帳簿価額によって計算した金額）
　B……課税時期の属する年の類似業種の１株当たりの配当金額

> C……課税時期の属する年の類似業種の1株当たりの年利益金額
> D……課税時期の属する年の類似業種の1株当たりの純資産価額(帳簿価額によって計算した金額)
> (注) 類似業種比準価額の計算に当たっては,《B》,《C》及び《D》の金額は1株当たりの資本金等の額を50円とした場合の金額として計算する。

(2) 評価会社の業種目の判定

業種目については,国税庁が毎年「類似業種比準価額計算上の業種目及び業種目別株価等について(法令解釈通達)」で定めており,毎年6月以降にその年分の資料が公表されている。

類似業種は,大分類,中分類及び小分類に区分して定める業種目のうち,評価会社の事業が該当する業種目とし,その業種目が小分類に区分されているものにあっては小分類による業種目,小分類に区分されていない中分類のものにあっては中分類の業種目による。ただし,納税義務者の選択により,類似業種が小分類による業種目である場合にあってはその業種目の属する中分類の業種目,類似業種が中分類による業種目である場合にあってはその業種目の属する大分類の業種目を,それぞれ類似業種とすることができる(評基通181)。

なお,日本標準産業分類における分類項目と類似業種の業種目との対応関係については,「日本標準産業分類の分類項目と類似業種比準価額計算上の業種目との対比表」に示されている。

(3) 各要素の計算(評基通182,183)

① 類似業種の株価

課税時期の属する月以前3ヵ月間の各月の類似業種の株価及び類似業種の前年平均株価又は課税時期の属する月以前2年間の平均株価のうちもっとも低いものを適用する。

② 評価会社の1株当たりの配当金額

直前期末2年間におけるその会社の剰余金の配当金額(その他資本剰余金を

原資とする配当及び非経常的な配当を除く）の合計額の2分の1に相当する金額を，直前期末における発行済株式数で除して計算した金額（10銭未満切捨て）である。

③ **評価会社の1株当たりの利益金額**

　直前期末以前1年間における法人税の課税所得金額（非経常的な利益の金額を除く）に，その所得の計算上益金に算入されなかった剰余金の配当（資本金等の額の減少によるものを除く）等の金額（所得税額に相当する金額を除く）及び損金に算入された繰越欠損金の控除額を加算した金額（その金額がマイナスの時は，0とする）を，直前期末における発行済株式数で除して計算した金額（円未満切捨て）である。

　ただし，納税義務者の選択により，直前期末以前2年間の各事業年度について，上記に準じて計算した金額の合計額（その合計額がマイナスの時は，0とする）の2分の1に相当する金額を，直前期末における発行済株式数で除して計算した金額（円未満切捨て）とすることができる。

④ **評価会社の1株当たりの純資産価額（帳簿価額によって計算した金額）**

　直前期末における資本金等の額及び利益積立金額の合計額を直前期末における発行済株式数で除して計算した金額（円未満切捨て）である。いずれも直前期の法人税申告書別表五㈠の数値を用いる。

　なお，利益積立金額がマイナスである場合には，そのマイナスの金額を資本金等の額から控除し，その控除後の金額がマイナスとなる場合には，その控除後の金額を0とする。

　　※　上記②③④における発行済株式数は，いずれも1株当たりの資本金等の額を50円とした場合の株数をいう。

2 株価対策

> 類似業種比準価額は過去の決算数値により決まるため，株価の引下げ等の対策を行っても効果が得られるのは決算後である。

　類似業種比準価額については，配当金額，利益金額及び純資産価額（帳簿価額によって計算した金額）のいずれの要素も引き下げる余地がある。

　また，類似業種の株価については，自社の行う事業内容により自動的に決定するものであるが，こちらも対策の余地がある。

　主な対策は，次のとおりである。

(1) 配当金額

　配当金額からは，非経常的な配当は除かれるため，普通配当を減額して記念配当・特別配当などの臨時的な配当とする。ただし，「特別配当」などとしても，特に理由もなく毎期のように支払っている場合は，経常的な配当とされるため注意が必要である。

(2) 利益金額

　利益金額からは，非経常的な利益は除かれるため，固定資産売却益や現物分配による受取配当金などが生じても，利益金額は増加しない。

　利益金額を抑えるということは，端的には損金を増やすか益金を減らすということである。例としては次のものが考えられる。

- 損金処理できる資産がないか確認する（不良債権，不良在庫，有価証券の評価損，固定資産の除却，資産計上している短期前払費用など）。
- 含み損のある不動産を売却する。なお，グループ法人税制により，100％グループ内の法人への売却では損金処理ができなくなった。買主が個人であれば損金処理が可能である。
- 損金性の高い投資を行う（経営力向上設備等の即時償却，オペレーティングリースなどは，投資額の大半を当期の損金とできる）。

- 拠出時に損金処理できる退職金制度を導入する（中小企業退職金共済や確定拠出年金，養老保険など）。
- 役員に退職金を支給する。
- 高収益部門を分社化する（事業譲渡や会社分割など）。

(3) 純資産価額（帳簿価額によって計算した金額）

　類似業種比準価額の計算要素である純資産価額は，簿価純資産であるため，(2)の利益金額を抑えることで，純資産価額も抑えることが可能である。

　簿価純資産であれば含み益が生じても評価に影響は生じないため，例えば損金性の高い生命保険等を利用することにより，利益金額及び純資産価額を抑えつつ含み益を生じさせることが可能である。

(4) 類似業種の株価

　類似業種の株価は，自社の業種と同一又は類似する業種の株価を基に国税庁から公表されており，業種の判定は取引金額により行う。

　2つの業種を営む場合は，いずれか取引金額が多い業種に該当することとなる。

　そもそも取引金額が小さい会社であれば，新規事業の開始により，類似業種の株価が低い業種に変更することも考えられる。

＜参考：損金性の高い投資の例（概要）＞
- 経営力向上設備等（措法42の12の4　中小企業経営強化税制）
　中小企業等経営強化法の認定を受けた中小企業者等で青色申告書を提出するものが，平成31年3月31日までに，一定の経営力向上設備等の取得等をして，事業の用に供した場合には，即時償却が認められる。
- オペレーティングリース
　主に航空機，船舶等の大口取引に利用されるリース形態である。税務上のリース取引に該当しないもので，賃貸借処理が認められている。

匿名組合方式によるものが主であり，投資家は初年度に出資額の60～70％程度の損金を計上することができる。

　一方，直接保有によるものもあり，この場合は投資家は事業主として自社で減価償却費を損金計上し，リース料収入を益金計上することとなる。航空機や船舶は定率法による償却が認められているため，法定耐用年数を経過した中古資産であれば，耐用年数2年の定率法（償却率1.000）により初年度の12カ月で全額償却することも可能である。

3　改正の影響

　平成29年度税制改正により，類似業種比準方式の計算式の見直しがされた。改正により，利益金額の圧縮による株価の引下げ等は効果が薄くなった。

(1) 改正前の類似業種比準方式の計算式（旧評基通180）

　平成28年12月31日以前に相続等により取得した自社株について，類似業種比準方式により評価する場合の計算式は，【図表2】のとおりである。

　配当金額，利益金額及び簿価純資産価額の3つの比準要素のうち，利益金額はほかの比準要素の3倍の影響があるため，利益金額を抑えることが最も効率的な評価引下げ対策であった。

　そのほか，類似業種の株価については，課税時期の属する月以前3ヵ月間の各月の類似業種の株価及び類似業種の前年平均株価のうちもっとも低いものを適用することとされていた。類似業種の比準要素についても，上場会社の個別財務諸表の数値を基に計算されていた。これらについても，それぞれ改正が行われている。

【図表2：改正前の類似業種比準価額の算式】

$$A \times \frac{\dfrac{《B》}{B} + \dfrac{《C》}{C} \times 3 + \dfrac{《D》}{D}}{5} \times \begin{matrix} 0.7 \text{（大会社の場合）} \\ 0.6 \text{（中会社の場合）} \\ 0.5 \text{（小会社の場合）} \end{matrix}$$

上の算式中「A」,「《B》」,「《C》」,「《D》」,「B」,「C」及び「D」は，それぞれ次による。

　A……類似業種の株価
　《B》……評価会社の1株当たりの配当金額
　《C》……評価会社の1株当たりの利益金額
　《D》……評価会社の1株当たりの純資産価額（帳簿価額によって計算した金額）
　B……課税時期の属する年の類似業種の1株当たりの配当金額
　C……課税時期の属する年の類似業種の1株当たりの年利益金額
　D……課税時期の属する年の類似業種の1株当たりの純資産価額（帳簿価額によって計算した金額）
　(注)　類似業種比準価額の計算に当たっては，《B》,《C》及び《D》の金額は1株当たりの資本金等の額を50円とした場合の金額として計算する。

(2) 改正の影響

① 類似業種の株価

　類似業種の株価については，従来から上場会社の株価の急激な変動による影響を緩和する趣旨から，一定の選択肢が設けられていたが，最近の株価動向を踏まえると，株価の急激な変動を平準化するためには，2年程度必要と考えられること等から，課税時期の属する月以前2年間の平均株価も選択可能とされた。

　この変更によって，課税時期の属する月以前3ヵ月間の各月の類似業種の株価及び類似業種の前年平均株価又は課税時期の属する月以前2年間の平均株価のうち最も低いものを適用することとされ，上場会社の株価の上昇局面においては，類似業種比準価額の上昇抑制が期待できる。

② 類似業種の比準要素の計算

　上場会社については，連結決算が原則として義務づけられており，連結決算がその上場会社の株価の形成要因となっていると考えられるため，類似業種の比準要素も連結決算の数値を反映することとなった。

　この変更によって，基本的には類似業種の配当金額，利益金額及び簿価純資産価額が増加すると考えられることから，自社株の評価は逆に下落することとなり，評価の引下げにつながる可能性がある。

③ 配当金額，利益金額及び簿価純資産価額の比重

　配当金額，利益金額及び簿価純資産価額の比重について，上場会社のデータに基づき，これらの要素の比重と株価との関連性を検証したところ，かつてはこれらの要素の比重を１：３：１とした場合が最も適正に株価が算定されると認められたが，今般，再度検証したところ，１：１：１という比重が最も適正に株価が算定されると認められたため，変更されたものである。

　算式の分母が５から３になったことで，配当金額及び簿価純資産価額の比重が改正前に比べ増加したため，業歴の長い会社で簿価純資産が厚く，近年は利益があまり出ていないような会社については，自社株の評価が大幅に上昇する可能性がある。

事例1　改正前後の類似業種比準価額の比較

<概　要>

① 純粋持株会社である甲社の類似業種比準価額を算定するための各要素は次のとおりである（甲社は大会社に該当する）。

　　配当金額　5円
　　利益金額　20円
　　純資産価額　500円

② 類似業種の株価及び比準要素は次のとおりである。

　　株　　価　298円
　　配当金額　3.8円
　　利益金額　21円
　　純資産価額　207円

③ 比準要素の比重変更のみの影響を比較するものとする。

<考え方>

- 改正前の類似業種比準価額

$$298円 \times \frac{\frac{5円}{3.8円} + \frac{20円}{21円} \times 3 + \frac{500円}{207円}}{5} \times 0.7 = 273円20銭$$

- 改正後の類似業種比準価額

$$298円 \times \frac{\frac{5円}{3.8円} + \frac{20円}{21円} + \frac{500円}{207円}}{3} \times 0.7 = 323円30銭$$

- 主に純資産価額の比重が増えたことにより、改正前の類似業種比準価額に比べ、改正後は株価が20％程度高くなっている。

＜参考：持株会社の業種目（総務省資料を一部抜粋）＞

　　持株会社といわれる事業所の産業は，次のように取り扱う。
(1) 主として管理事務を行う本社，支社，支所などの産業は，原則として，管理する全事業所を通じての主要な経済活動に基づき，その経済活動が分類されるべき産業中分類に設けられている小分類「管理，補助的経済活動を行う事業所」の該当項目に分類する。なお，全事業所を通じての主要な経済活動に基づき分類すべき産業中分類に小分類「管理，補助的経済活動を行う事業所」に該当する分類項目がない場合は，主要な経済活動と同一の分類項目に分類する。
(2) 同一経営主体の下にある事業所を対象として，輸送，保管，清掃，修理・整備，保安等の支援業務を行う事業所については，経営主体の主たる経済活動によって分類されるべき産業中分類に設けられている小分類「管理，補助的経済活動を行う事業所」の該当項目に分類する。
　　なお，主たる経済活動を行う主事業所の産業が分類されるべき産業中分類に小分類「管理，補助的経済活動を行う事業所」に該当する分類項目がない場合は，主要な経済活動と同一の分類項目に分類する。
(3) 会社として事業活動を行う一方，経営権を取得した子会社に対する管理機能を持つ，いわゆる事業持株会社である事業所は，当該事業所の主たる経済活動が会社の管理業務である場合には，主として管理業務を行う本社の場合に準じて産業を決定するが，経営権を取得した会社に対する管理機能（経営戦略の立案・推進，経営の管理・指導，経営資源の最適配分等）が中心の事業を行う，いわゆる純粋持株会社である事業所は，大分類「Ｌ－学術研究，専門・技術サービス業」の「純粋持株会社（7282）」に分類する。
(4) 上述の場合以外は，原則としてそこにおいて行われている主要な経済活動によって決定する。
　（注）　事業所の産業をこの産業分類に適用（格付）する場合は，上位分類から順次下位分類へと適用する。特に，一事業所において複数の分類項目に該当する経済活動を行っている場合は，まず，それらの経済活動を大分類ごとにまとめ，付加価値等の最も多いものによって大分類を決定する。次に決定された大分類に該当する経済活動を中分類ごとにまとめ，その付加価値等の最も多いものによって中分類を決定し，以下同様の方法で小分類，細分類を決定する。

4　複数の事業を営む場合

複数の事業を営む場合は、業種目を判定する際、取引金額（売上）が50％超を占める業種目に該当するものとされる。
50％超を占める業種目がない場合は、一定の順序により判定する。

評価会社が2以上の業種を兼業しているときの類似業種比準価額の計算は、取引金額が50％超を占める業種をもって、類似業種比準価額計算上の業種として評価することとされている。

取引金額全体のうちに占める業種目別の取引金額の割合が50％を超える業種目がない場合は、次に掲げる場合に応じそれぞれの業種目とする（評基通181－2）。

(1) 類似する小分類で50％を超える場合

評価会社の事業が一つの中分類の業種目中の2以上の類似する小分類の業種目に属し、それらの業種目別の取引金額の割合の合計が50％を超える場合は、その中分類の中にある類似する小分類の「その他の○○業」とする。

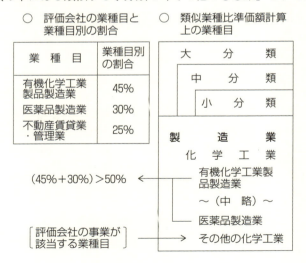

(2) 類似しない小分類で50％を超える場合

評価会社の事業が一つの中分類の業種目中の2以上の類似しない小分類の業種目に属し、それらの業種目別の取引金額の割合の合計が50％を超える場合（上記(1)に該当する場合を除く）は、その中分類の業種目とする。

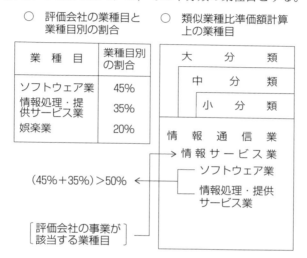

(3) 類似する中分類で50％を超える場合

評価会社の事業が一つの大分類の業種目中の2以上の類似する中分類の業種目に属し、それらの業種目別の割合の合計が50％を超える場合は、その大分類の中にある類似する中分類の「その他の○○業」とする。

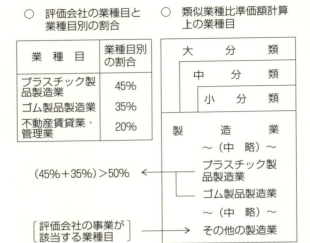

(4) 類似しない中分類で50%を超える場合

　評価会社の事業が一つの大分類の業種目中の2以上の類似しない中分類の業種目に属し、それらの業種目別の割合の合計が50%を超える場合（上記(3)に該当する場合を除く）は、その大分類の業種目とする。

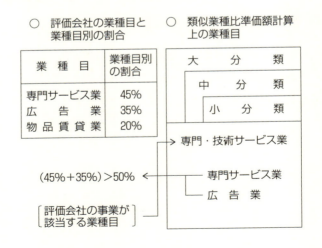

(5) 上記(1), (2), (3), (4)のいずれにも該当しない場合

大分類の業種目の中の113「その他の産業」となる。

事例2 業種変更と株価への影響

<概　要>
① 乙社は，倉庫業を主たる事業としていたが，好立地の不動産の一部を不動産賃貸業へ転換しており，不動産賃貸業の取引金額が倉庫業の取引金額に迫る勢いである。
② 乙社は経営の多角化のため，コンビニエンスストア経営等，新たな事業を模索している。
③ 乙社は総資産価額及び従業員数により，会社規模は大会社に該当するため，類似業種比準方式のみで評価することが可能である。
④ 甲社の類似業種比準価額計算上の各要素は，次のとおりである。
　　配当金額0円，利益金額50円，純資産価額250円
⑤ 類似業種比準価額計算上の業種目及び業種目別株価等は，次のとおりである。

業　種　目	株価(前年平均)	配当金額	利益金額	純資産価額
運輸業，郵便業	251円	3.5円	22円	258円
不動産業，物品賃貸業	300円	3.5円	24円	177円
その他の産業	298円	3.8円	21円	207円

<考え方>
・ 倉庫業としての取引金額が多かった場合（運輸業，郵便業に該当）の類似業種比準価額

$$251円 \times \frac{\frac{0円}{3.5円}+\frac{50円}{22円}+\frac{250円}{258円}}{3} \times 0.7 = 187円90銭$$

・ 不動産賃貸業としての取引金額が多かった場合（不動産業，物品賃貸

第2章　自社株の評価

業に該当）の類似業種比準価額

$$300円 \times \frac{\dfrac{0円}{3.5円}+\dfrac{50円}{24円}+\dfrac{250円}{177円}}{3} \times 0.7 = 243円60銭$$

- 仮に，別の事業（例えばコンビニエンスストア経営等）を開始し，倉庫業の取引金額，不動産賃貸業の取引金額とも，50％を超えなくなった場合（その他の産業に該当）の類似業種比準価額

$$298円 \times \frac{\dfrac{0円}{3.8円}+\dfrac{50円}{21円}+\dfrac{250円}{207円}}{3} \times 0.7 = 248円20銭$$

- 乙社は現状では倉庫業か不動産賃貸業のいずれか取引金額が多い業種として評価することになり，配当金額，利益金額，純資産価額が同一条件であれば，倉庫業に該当する方が若干株価が低くなる。
- 一方，仮に新たな事業を行うことで，50％を超える取引金額がなくなると，その他の産業に該当して株価が高くなる可能性がある。

　上記，事例2 のように，取引金額によって株価への影響が生じることがあるが，本来はまず会社の発展があり，その後に自社株の承継対策について考えるべきものである。自社株の評価が高くなるからといって会社の事業を制約し，発展を妨げるようでは本末転倒である。
　自社株評価への影響について，事実として経営者にアドバイスをすべきであるが，同時に対応策についてもアドバイスできるように心がけたい。

5　純資産価額の算定

1　純資産価額方式

　純資産価額は原則として課税時期現在の資産・負債の金額を基とするが，著しい増減がなければ直前期末の帳簿価額を基にすることができる。課税時期の進行期が純損失であれば，仮決算を行うことで純資産評価額を引き下げることができる。

(1)　純資産価額方式の概要（評基通185）

　1株当たりの純資産価額（相続税評価額によって計算した金額）は，課税時期における各資産を財産評価基本通達に定めるところにより評価した価額の合計額から課税時期における各負債の金額の合計額及び評価差額に対する法人税額等に相当する金額を控除した金額を課税時期における発行済株式数（自己株式を有している場合には，その自己株式の数を控除した株式数）で除して計算した金額とする。

【図表1：純資産価額の算式】

$$1株当たりの純資産価額 = \frac{\begin{pmatrix}相続税評価\\額による資\\産の合計額\end{pmatrix} - \begin{pmatrix}負債の\\合計額\end{pmatrix} - \left\{\begin{pmatrix}相続税評価\\額による資\\産の合計額\end{pmatrix} - \begin{pmatrix}負債の\\合計額\end{pmatrix} - \begin{pmatrix}帳簿価額に\\よる資産の\\合計額\end{pmatrix} - \begin{pmatrix}負債の\\合計額\end{pmatrix}\right\} \times 37\%}{発行済株式数（自己株式を除く）}$$

※　議決権割合の合計額が50％以下である同族株主グループに属する株主が取得した株式については，上記の1株当たりの純資産価額に80％を乗じた価額で評価する。

(2)　課税時期が評価会社の決算期末ではない場合

　決算日に相続が発生する可能性は非常に低いので，通常は課税時期と決算期末にズレが生じる。原則としては課税時期現在で仮決算を行う必要があるが，

評価会社が課税時期現在で仮決算を行っておらず，また，直前期末から課税時期までの資産及び負債について著しい増減がない場合には，評価額の計算に影響が少ないと認められることから，直前期末の帳簿価額を基に純資産価額を計算することができる。

　相続税評価額で計算する場合の純資産価額は，帳簿価額のない無償取得による借地権，特許権，営業権等についても財産評価基本通達によって評価する必要がある反面，繰延資産等のうち財産性のないものについては，帳簿価額があるものであっても評価を要しないことになる。

　また，税務計算上，損金の対象となった各種引当金や準備金は負債にならない反面，帳簿に記載がなくても確実な債務は全て負債になる。

　直前期末の帳簿価額を基に相続税評価額によって純資産価額を計算する場合には，帳簿に負債としての記載がない場合であっても，課税時期において未払いとなっている法人税，固定資産税等は負債として取り扱い，帳簿価額及び相続税評価額の両方に計上することとされている（評基通186）。

2　株 価 対 策

　純資産価額（相続税評価額によって計算した金額）の引下げには，不動産の購入が有効だが，取得から3年経過後でなければ減額効果を得られない。

　純資産価額（相続税評価額によって評価した金額）については，評価の引下げのためにできることは限られている。

　一番有名な対策としては，個人の相続対策でもおなじみの不動産の購入である。土地の相続税評価額は，路線価による評価又は固定資産税評価額に一定の倍率を乗じたものによる評価のいずれかとされ，また，建物については固定資産税評価額とされているため，一般的に売買時価よりも相続税評価額が低くなるように設定されている。

　さらに，取得した物件を賃貸すれば借家権が生じるため，土地は貸家建付地として「借地権割合×借家権30％」の減額，建物は貸家として「借家権

30％」の減額をそれぞれ受けられる。都心の賃貸物件を購入すれば、相続税評価額は半額以下になることも多い。

ただし、個人の場合と異なり、法人で取得した場合は取得日から3年間は通常の取引価格（実務上は帳簿価額）で評価することとされており、3年経過後でないと相続税評価額を利用できないため、注意が必要である。

一方、経営力向上設備など即時償却できる資産については、帳簿価額は0円となるが、相続税評価額は一般動産の評価として「定率法未償却残高」となるため、類似業種比準価額での利益圧縮効果に比べると、純資産価額の減額効果は限定的である。

事例1　純資産価額（帳簿価額と相続税評価額）

＜概　要＞

① 当社は直前期の期首に経営力向上設備を1億円で取得し、事業の用に供している。

② 当該設備の法定耐用年数は17年（定率法償却率0.118）であるが、即時償却により帳簿価額0円まで償却している。

③ 甲社の直前期末の貸借対照表は、次のとおりである。

資産の部			負債の部		
科　目	相続税評価額	帳簿価額	科　目	相続税評価額	帳簿価額
経営力向上設備	88,200千円	0千円	諸　負　債	50,000千円	50,000千円
諸　資　産	100,000千円	100,000千円			
合　計	188,200千円	100,000千円	合　計	50,000千円	50,000千円

＜考え方＞

・経営力向上設備のように即時償却ができる資産については、帳簿価額は0円となるものの、相続税評価額は定率法未償却残高となる。

・純資産価額の計算上は、資産の評価差額について37％控除を受けることができるため、元々含み損資産のない会社であれば、意図的に含み益を作ることにより、37％控除を活用して多少は純資産価額を抑えるこ

とができる。
評価差額×37％＝(188,200千円－100,000千円)×37％＝32,634千円
純資産価額＝188,200千円－50,000千円－32,634千円＝105,566千円

6 特定の評価会社の判定

1 特定の評価会社

特定の会社に該当すると評価が高くなってしまうため、特定の会社に該当しないよう継続的な確認が必要である。

特定の評価会社とは、評価会社の資産の保有状況、営業の状態等が一般の評価会社とは異なるものと認められる会社をいい、それぞれの状況に応じた評価方法が定められている。特定の評価会社の具体的な区分とその評価方法は、【図表1】のとおりである。

【図表1：特定の評価会社】

区　分	内　　容	評価方法
① 比準要素数1の会社	類似業種比準方式の3つの比準要素のそれぞれの金額のうち、いずれか2が0であり、かつ、直前々期末を基準にしてそれぞれの金額を計算した場合に、それぞれの金額のうち、いずれか2以上が0である会社（次の②から⑥に該当するものを除く）をいう。	純資産価額方式又はL＝0.25とする併用方式
② 株式保有特定会社	課税時期において評価会社の総資産に占める株式等の保有割合が50％以上の会社（次の③から⑥に該当するものを除く）をいう。	純資産価額方式（「S1＋S2」方式の選択可）
③ 土地保有特定会社	課税時期における評価会社の総資産に占める土地等の保有割合が70％（中会社及び一定の小会社は90％）以上の会社（次の④から⑥に該当するものを除く）をいう。	純資産価額方式
④ 開業後3年未満の会社等	次のいずれかに該当する会社（次の⑤又は⑥に該当するものを除く）をいう。 a　課税時期において開業後3年未満である会社 b　比準要素数0の会社（直前期末を基とした1株当たりの「配当金額」「利益金額」「純資産価額（帳簿価額）」がいずれもゼロの会社）	純資産価額方式

⑤	開業前又は休業中の会社	a　開業前の会社とは，会社設立の登記は完了したが，現に事業活動を開始するまでに至っていない会社をいう。 b　休業中の会社とは，課税時期において相当長期間にわたって休業中であるような会社をいう。	純資産価額方式
⑥	清算中の会社	解散手続が完了し，課税時期において清算段階に入っている会社をいう。	清算分配見込額の複利現価による評価方式

※　「清算中の会社」及び「開業前又は休業中の会社」以外の評価会社については，同族株主以外の株主に該当する場合には，配当還元方式が適用される。

事例1　比準要素数1の会社

<概　要>

① 　甲社は，資本金等が1億円の会社である。
② 　甲社はここ数年業績が悪く利益が生じていないが，過去の内部留保があるため毎期100万円の配当をしている。
③ 　甲社は前期中に時価発行増資を行い，資本金等が6億円となった。

<考え方>

・　資本金等が1億円の場合は，毎期20万円以上※の配当をすれば比準要素のうち配当要素が10銭となり，比準要素数が2以上（配当，純資産）なので一般の評価会社となる。

$$※　\frac{1億円}{50円}=200万株　\quad \frac{20万円}{200万株}=10銭$$

・　しかし，増資により資本金等が6億円になると，毎期120万円以上※の配当をしなければ配当要素は0となってしまう。

$$※　\frac{6億円}{50円}=1,200万株　\quad \frac{120万円}{1,200万株}=10銭$$

・　増資をする場合は，それによって各比準要素の金額が0にならないか注意が必要である。

2　株価対策

特定の評価会社に該当する場合は，一般の評価会社に該当するようにできれば，評価が引き下がる可能性が高い。

① 比準要素数1の会社

同族会社は無配の場合が多いことから，赤字が続くとすぐに比準要素数1の会社に該当してしまう。該当すると類似業種比準価額の構成割合が少なくなってしまうため，会社が利益を出せないのに株価が上昇してしまうことが多い。該当する可能性が高い場合は，決算前に配当を実施することにより回避できるが，その他資本剰余金が原資であったり，非経常的である場合は，配当要素に計上できないため，利益剰余金を原資とする経常的な配当を行う必要がある。

② 株式保有特定会社

株式保有特定会社は，総資産に占める株式等の価額の割合が50％以上である場合に該当し，総資産・株式等の価額とも相続税評価額により判定する。

なお，かつては大会社の株式等の保有割合の判定基準は25％以上であったが，現在は通達改正により大会社も判定基準が50％とされている。

株式保有特定会社に該当させないための対策としては，端的には，総資産を増加させるか，株式等の価額を減少させるかのいずれかである。

総資産を増加させるためには，借入等で資産を取得することが多く，株式等の価額を減少させるためには，所有する株式を処分するか，その株式の評価を引き下げるかである。

ここでは自社株対策として，主に自社単独で行う評価の引下げについて確認してきた。ここまでの各種対策を【図表2】に簡単にまとめている。

自社株の評価を下げるためとはいえ，例えば，後継者が全く育っていないのに，オーナー経営者への退職金を計上するために退任して自社の業績が悪くなったり，投資不動産を購入したことで本業の資金繰りが厳しくなったなど，事業に悪影響を及ぼすような対策はすべきではない。

やはり，クライアントとよく話し合い，単なる自社株の評価引下げのみでなく，それぞれの会社にマッチした自社株対策を検討する必要がある。

【図表２：自社株評価対策のまとめ】

区　　分	内　　容	対　　策
会社規模の変更 （類似業種比準価額の利用）	取引金額(売上高)を増やす 総資産価額を増やす 従業員数を増やす	他社を吸収合併 借入により資産を購入 外部に委託していた事業を自社で行う
類似業種比準価額の引下げ	配当金額の引下げ	普通配当を減らし，記念配当など非経常的な配当に
	利益金額の引下げ	不良債権，不良在庫等を損金処理 含み損のある資産を売却 損金性の高い投資（即時償却等） 拠出時に損金とできる退職金制度導入 役員に退職金を支給 高収益部門を分社化
	純資産価額の引下げ	簿外資産を増やす（損金性の高い保険等）
	類似業種の株価	取引金額の増減により業種変更
純資産価額（相続税評価額）の引下げ	時価と相続税評価の乖離を利用	不動産を購入（３年経過後）
特定の評価会社の非該当	比準要素数１の会社 　（比準要素数を２以上に）	配当金の支給（経常的な利益の配当）
	株式保有特定会社 　（株式保有割合の引下げ）	借入による資産取得（総資産の増加） 不要な株式等を売却

7 配当還元方式の適用

1 配当還元方式

配当還元方式は非常に低い評価額であるが，組織再編等により評価額が跳ね上がることもある。

(1) 特例的評価方式の概要

前述のとおり，同族会社における同族株主以外の株主などのいわゆる少数株主においては，特例的評価方式として，配当金額を基準として評価する配当還元方式が認められている。

配当還元方式は，原則的評価方式に比べて非常に低い評価額となることが多いが，同族株主については議決権を5％以上有すると適用を受けられないため，後継者がこの評価方法を採れる可能性は低く，後継者以外の親族が無議決権を取得するような場合や，オーナー経営者の保有する株式の一部を従業員に持たせる等の場面に限定される。

(2) 配当還元価額の計算方法（評基通188，188−2）

同族株主等以外の株主及び同族株主等のうち少数株式所有者が取得した株式については，その株式の発行会社の会社規模（大会社・中会社・小会社）にかかわらず，【図表1】の配当還元方式で計算した金額によって評価する。

なお，無配であっても2円50銭の配当があるものとして計算される。例えば株式交換等の組織再編により，発行済株式はほとんど増加しないのに資本金等が数倍から数十倍に増加することがあるが，このような場合には，1株当たりの配当還元価額も同様に数倍から数十倍になってしまうため，事前に何らかの対応が必要となる。

【図表1：配当還元価額の算式】

$$\frac{その株式に係る年配当金額}{10\%} \times \frac{その株式の1株当たりの資本金等の額}{50円}$$

上記算式の「その株式に係る年配当金額」は，類似業種比準価額を計算する場合の1株当たりの配当金額と同じ方法で算出する。ただし，この計算で求めた金額が2円50銭未満のもの及び無配のものは，2円50銭とする。

2 配当還元方式評価の否認事例

財産評価基本通達による判定で形式的には同族株主以外の株主として特例的評価方式とできる場合であっても，実質的に支配している場合は，原則的評価方式とされることもある。

相続，遺贈又は贈与により自社株を取得した場合は，財産評価基本通達により評価し，株主の区分の判定で同族株主以外の株主に該当すれば，特例的評価である配当還元方式により課税価格を計算すればよい。

しかし，形式的には同族株主以外の株主であっても，実質的に会社を支配しているのであれば，配当還元方式を認めてしまうと，かえって課税の公平が保たれないこともある。

相続した自社株について配当還元評価が否認された事例を確認したい（配当還元評価以外の論点は省略している）。

【東京地裁平成16年3月2日判決（東京高裁で棄却され確定）】
＜概　要＞
① ㈱Bは業界首位の会社で，その株式は被相続人甲及びその同族関係者で71.9％を保有されている。
② 被相続人甲は，所有する㈱B株式（議決権割合28.6％）の全てと不動産を現物出資して㈲Aを設立。
③ その後，被相続人甲は所有する㈲A出資の52.0％を，取引先13社に額面金額で譲渡。その結果，被相続人甲とその同族関係者が有する㈲Aの出資は48％となったため，㈲Aは特殊関係のある法人ではなくなった。
④ 被相続人甲は，㈲Aの出資を譲渡した数日後に亡くなった。
⑤ 相続人は㈲Aが有する資産を評価する際，㈱B株式を配当還元方式により評価して申告したところ，㈱B株式について類似業種比準価額により評価すべきと更正処分された。

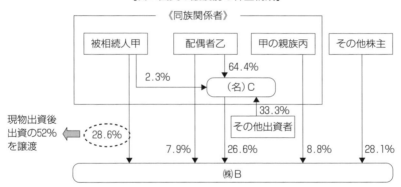

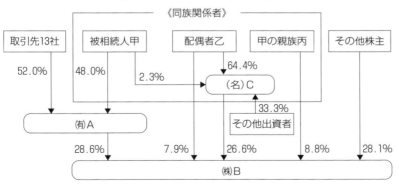

<考え方>
- 被相続人甲の相続に当たって，その所有する㈲Aの出資の純資産価額方式の適用に当たっては，㈲Aが所有する㈱B株式の評価額を算出する必要がある。
- ㈲Aが，㈱Bの「同族株主以外の株主」に該当する場合には，㈲Aが所有する㈱B株式は配当還元方式によって評価されるが，一方，「同族株主」に該当する場合には，原則的評価方式によって評価されることとなる。
- 財産評価基本通達を適用すると，㈲Aは被相続人甲の同族関係者に該当せず（50％超保有していないため），㈲Aは㈱Bの同族株主に該当しないこととなり，配当還元方式による評価が認められる。
- ただし，㈲Aの出資は同族関係者で50％に極めて近い48％を保有し，取引先13社は各４％ずつ保有しているに過ぎず，実質的に同族関係者で引き続き支配しているものと認められるため，配当還元方式による評価は相当でないものとされた。

以下に判決要旨を示す。判決では，㈲Aにおいては，持株割合が50％未満に抑えられた株主において，50％以上の出資割合を有していなくても，なお㈲Aを実効的に支配し得る地位にあると認められるところ，経済的に配当を期待する程度の価値のみ把握しているに過ぎない少数株主についてのみ配当還元方式を採用すべきとする評価通達の趣旨からすれば，配当還元方式で評価することは相当でないと解され，本件は，評価通達を画一的に適用することが著しく不適当と認められる「特別の事情」があるものと認められるとして，原則的評価方式を採用した課税処分を適法としている。

【判決要旨】
(1) 相続税法22条（評価の原則）は，相続により取得した財産の価額は，同法第３章で特別の定めのあるものを除き，当該財産の取得の時における時価により評価するものと規定している。ここに，時価とは，相続開始時における当該財産の客観的交換価値，すなわち，それぞれの財産の現況に応じ，不特定多数の当事者間で自由な取引が行われるとした場合に通常成立すると認められる価額をいうものと解される。
(2) 客観的交換価値は必ずしも一義的に明確に確定されるものではないことから，課税実務上は，財産評価基本通達に定められている評価方法により相続財産を評価することとされている。これは，相続財産の客観的な交換価値を個別に評価す

る方法をとると，その評価方法，基礎資料の選択の仕方等により異なった評価額が生じることを避け難く，また，課税庁の事務負担が重くなり，回帰的，かつ，大量に発生する課税事務の迅速な処理が困難となるおそれがあること等から，あらかじめ定められた評価方法により画一的に評価する方が，納税者間の公平，納税者の便宜，徴税費用の節減という見地からみて合理的であるという理由に基づくものである。したがって，財産評価基本通達に定められた評価方法が合理的なものである限り，これは，時価の評価方法として妥当性を有するものと解される。

(3) 財産評価基本通達に定められた評価方法を画一的に適用するという形式的な平等を貫くことによって，かえって，実質的な租税負担の公平を著しく害することが明らかであるなどこの評価方法によらないことが正当と是認されるような特別な事情がある場合には，他の合理的な方法により評価をすることが許されるものと解される。このことは，同通達自体も，その6において，「この通達の定めによって評価することが著しく不適当と認められる財産の価額は，国税庁長官の指示を受けて評価する。」旨定められていること（なお，国税庁長官の指示は，国税庁内部における処理の準則を定めたものにすぎず，同指示の有無が，更正処分の効力要件となっているものではないと解される。）からも明らかである。かかる場合には，同通達の定める評価方法によることなく，その財産の価額に影響を及ぼすべき全ての事情を考慮しつつ，相続税法22条（評価の原則）の規定する「時価」を算定すべきこととなる。

(4) 省　　略

(5) 財産評価基本通達188-2（同族株主以外の株主等が取得した株式の評価）は，例外として，「同族株主以外の株主等」（同通達188項）が取得した大会社の株式については，配当還元方式によって評価することを定めている。当該通達の趣旨は，通常，いわゆる同族会社においては，会社経営等について同族株主以外の株主の意向はほとんど反映されずに事業への影響力を持たないことから，その株式を保有する株主の持つ経済的実質が，当面は配当を受領するという期待以外に存しないということを考慮するものということができる。そして，客観的に当該会社への支配力を備えているものか否かという点で当該株式の評価額に差異が生じることには合理性があるといえるから，当該通達は，こうした趣旨において合理的な株式の評価方法を定めるものと認められる。

(6) 評価通達における例外的評価方法たる配当還元方式は，評価会社に対する影響力を持たず支配力がないことからその経済的機能が当面は配当への期待しか認められないと特に認められる範囲を規定して，その限りで適用されるべきもので

> あって，その反対に，当面の経済的機能が配当への期待しか認められないわけではなく，評価会社に対する影響力を持ち支配力がある株式に対しては原則的な評価手法である類似業種比準方式が採用されるべきであるといえる。
>
> (7)～(11) 省　　略

　オーナー家の親族であっても，配当還元方式を適用できる株主を増やすような対策は，実務において広く行われている。

　一方，前述の東京地裁判決のように，形式的には配当還元方式の適用が認められても，実質的には支配関係が継続しているものとして，認められなかった事例もある。

　どこまでが認められてどこからが認められないのかの判断は，簡単ではないが，

　① その行為について税負担を軽減する以外に合理的な理由が乏しくないか

　② 他の納税義務者と比較して課税の公平を損なうことにならないか

　③ 相続税法の立法趣旨や財産評価基本通達の趣旨に反するものでないか

などが判断の要因になるだろう。

8　法人税の税率の引下げ

1　法人実効税率の引下げ

　法人実効税率の引下げのため、法人税の税率は段階的に引下げが行われている。これにより、自社株評価における「評価差額に対する法人税額等に相当する金額」の合計割合も引下げが行われる可能性がある。

(1)　法人税の税率の引下げ

　法人税の税率は段階的に引下げが行われ、平成27年4月1日以後開始事業年度から23.9％、平成28年4月1日以後開始事業年度から23.4％、平成30年4月1日以後開始事業年度から23.2％に引下げが行われている。

(2)　自社株の承継対策への影響

①　純資産価額方式（評基通185）

　自社株の相続評価における、1株当たりの純資産価額（相続税評価額によって計算した金額）は、課税時期における各資産を財産評価基本通達に定めるところにより評価した価額の合計額から課税時期における各負債の金額の合計額及び評価差額に対する法人税額等に相当する金額を控除した金額を、課税時期における発行済株式数（自己株式を有している場合には、その自己株式の数を控除した株式数）で除して計算した金額となっている。

　評価差額に対する法人税額等に相当する金額を算定する際の法人税率等の合計割合は、平成28年4月1日以降の相続・贈与では37％とされている。

【図表1：純資産価額の算式】

$$= \frac{\begin{pmatrix}相続税評価\\額による資\\産の合計額\end{pmatrix} - \begin{pmatrix}負債の\\合計額\end{pmatrix} - \left[\begin{pmatrix}相続税評価\\額による資\\産の合計額\end{pmatrix} - \begin{pmatrix}負債の\\合計額\end{pmatrix} - \begin{pmatrix}帳簿価額に\\よる資産の\\合計額\end{pmatrix} - \begin{pmatrix}負債の\\合計額\end{pmatrix}\right] \times 37\%}{発行済株式数（自己株式を除く）}$$

1株当たりの純資産価額

※ 議決権割合の合計額が50％以下である同族株主グループに属する株主が取得した株式については、上記の1株当たりの純資産価額に80％を乗じた価額で評価する。

② 改正の留意点

　国税庁の公表する資料によると、法人税額等相当額を算出する際の法人税等の合計割合は、【図表2】のように算出している。

【図表2：法人税率等の合計割合】

		税率	根 拠 条 文	備　　考
法人税	法　人　税	23.4%	法人税法66① 所得税法等の一部を改正する法律附則26	
	地方法人税	1.03%	地方法人税法10①	法人税額×4.4%
事業税	事　業　税	6.7%	地方税法72の24の7①三 地方法人特別税等暫定措置法2	
	地方法人特　別　税	2.89%	地方税法72の24の7①三 地方法人特別税等暫定措置法2及び9	
	道府県民税	0.75%	地方税法51①	法人税割の税率。法人税額×3.2%
	市町村民税	2.27%	地方税法314の4①	法人税割の税率。法人税額×9.7%
	合　　計	37.04%≒37%		

　法人税率等の合計割合が引き下げられると、含み益のある資産を保有している場合は、自社株の純資産価額（相続税評価額によって計算した金額）が上昇する。今後法人実効税率の更なる引下げが行われると、合計割合も徐々に引き下げられるものと思われる。影響はさほど大きくないだろうが、近々に自社株

を承継させる予定であれば，改正前に行う方が多少なりとも低い評価での承継が可能である。

第 3 章

納税資金の手当てと自社株の取得

1 納税資金の手当て

　非上場会社のオーナー経営者は，個人で所有する財産の大半が自社株や事業用資産となっていることが多く，それらの事業関連財産を後継者に集中させると，現預金や上場株式等の金融資産は他の相続人に承継させることとなり，後継者には納税資金が不足しがちである。

　しかし，後継者の納税額をゼロとするような対策は難しく，後継者の納税資金問題を解決することも，重要な要素である。

　ここでは主に後継者に対する納税資金の手当てについて確認する。

1　生命保険

　一般的な相続の場合と同様，自社株承継においても生命保険の活用は有効である。損金性の高い法人契約の保険であれば，自社株の評価対策にも有効である。

(1) 個人契約の生命保険

　相続人が被相続人の死亡により取得する生命保険金等については，相続税の計算において「500万円×法定相続人の数（養子については一定の制限あり）」の非課税枠があるため，現預金で相続するよりも，生命保険金で取得する方が税負担を少なく取得でき，納税資金に充てることも可能である。

　民法上，兄弟姉妹以外の相続人には最低限の保証として法定相続分の2分の1（直系尊属のみが相続人である場合は法定相続分の3分の1）の財産を取得する権利が認められており，これを遺留分という（民1028）。

　後継者に自社株式その他の財産を承継させようとすると，後継者以外の相続人の遺留分を侵害する可能性があるが，被相続人の死亡により相続人が取得する生命保険金については，被相続人が保険料を負担していれば，みなし相続財

産として相続税の課税対象とされるものの，保険金受取人の固有財産であるため，原則として遺留分の算定基礎に算入する必要はないものとされている。

よって，「契約者：被相続人，被保険者：被相続人，受取人：後継者」とする生命保険を準備することで，遺留分を侵害せずに後継者に納税資金を手当てできる場合もあるし，遺留分を侵害した場合でも，生命保険金を原資として後継者から非後継者に金銭を支払うことによって，対応が可能である。

しかし，他の相続人との間に生ずる不公平が到底是認することができないほどに著しいものである場合は，生命保険金を特別受益に準じて持ち戻し計算の対象となるとした判例があるため，注意が必要である（最高裁平成16年10月29日判決）。

(2) 法人契約の生命保険

① 死亡退職金の原資

生命保険金の受取人を法人とする保険により，生命保険金を原資として死亡退職金を後継者その他の相続人に支給することが可能である。死亡退職金には，相続税の計算において生命保険金等を受け取るのと別枠で1人当たり500万円の非課税枠があるため，有効に活用すべきである。

② 自己株式の取得による納税資金化

法人を受取人とする保険であれば，死亡退職金を支給しない場合（生前に退職している場合等）は，後継者を含む相続人の納税資金に充てるために相続人からの自己株式の取得資金に充てることも可能である。

ただし，法人で保険差益について法人税等が課税されるため，法人の納税資金も考慮する必要があり，また，自己株式の取得は会社法上，分配可能額の範囲内でしか行えないため注意が必要である。

自己株式の取得の場合，交付金銭等のうちその法人の資本金等の額を超える部分はみなし配当とされ，個人株主側では配当所得に該当するため総合課税（税率は住民税を入れると最高55％，別途復興特別所得税）となってしまう。

しかし，相続人から自己株式を取得する場合においては，相続税の申告期限

から3年以内であればみなし配当課税ではなく，全額を株式譲渡益課税（税率は住民税を入れて一律20.315％）を選択することができる（措法9の7）。

③ 遺族を受取人とする生命保険

生命保険金の受取人を遺族にしていた場合は原則として生命保険金等に該当するが，会社がその保険金を退職手当金等として支給することとしている場合には，その保険金は退職手当金等に該当するものとされている（相基通3－17）。

④ 自社株の評価対策

法人契約の生命保険のうち，全額損金や2分の1損金（2分の1資産計上）となる損金性の高い保険であれば，毎期の支払保険料の全額又は2分の1が損金となるため，類似業種比準価額の計算上，年利益金額や純資産価額を抑えることができ，自社株評価の引下げにつながる。

また，死亡退職金を支給すると，純資産価額（相続税評価額）の計算上，死亡退職金を負債計上することができる（ただし，生命保険金請求権は資産計上が必要）ため，生命保険金以上の死亡退職金を支給すれば，自社株の評価を多少なりとも引き下げられる場合がある。

事例1　法人保険と死亡退職金

＜概　要＞

① 当社は代表者の退職金に備えるため以下のような法人保険契約をした。
- 保険種類　長期平準定期保険（支払保険料の2分の1を資産計上，2分の1を損金計上）
- 被保険者年齢　60歳
- 保険金額　50,000千円
- 保険期間　40年
- 年間保険料　2,000千円

経過年数	年齢	払込保険料累計	資産計上額累計	解約返戻金	返戻率
5	65	10,000千円	5,000千円	7,630千円	76.3%
10	70	20,000千円	10,000千円	15,080千円	75.4%
15	75	30,000千円	15,000千円	22,140千円	73.8%
20	80	40,000千円	20,000千円	28,560千円	71.4%

② 契約から20年経過後に保険事由が発生し，死亡退職金60,000千円を支給した。

<考え方>

・ 自社株の評価における純資産価額への影響は以下のとおりである。

【第5表　1株当たりの純資産価額（相続税評価額）の計算明細書】

資産の部			負債の部		
科　目	相続税評価額	帳簿価額	科　目	相続税評価額	帳簿価額
生命保険金請求権	50,000千円	50,000千円	退職金	60,000千円	60,000千円

・ 死亡退職金60,000千円は相続税の課税対象となるものの，自社株の評価においては純資産価額が10,000千円減少（＝50,000千円－60,000千円）する。

・ 法定相続人が多い場合など，死亡退職金の非課税枠が大きければ，相続税負担を抑えつつ，会社が納税資金を融通することができる。

・ 会社としても，死亡退職金が損金算入されることで，法人税負担を抑えることができる。

2　死亡退職金・弔慰金

　死亡退職金，弔慰金とも，一定額は相続税が非課税となり，法人税においても損金となる。

(1) 死亡退職金

　役員への退職金支給額の算定方法にはいくつかの種類があるが，最もよく用いられるのが「功績倍率法」である。
　この功績倍率法は，以下の算式で退職金支給額を計算する。

> 最終報酬月額×在職年数×功績倍率（＋功労加算）

① 最終報酬月額
　退任直前の報酬月額によることが原則であるが，何らかの理由により退職直前に報酬を減額したような場合は，最高報酬月額によって計算しても差し支えないものと考えられる。

② 在職年数
　役員としての勤続年数である。

③ 功績倍率
　会社で退職金規程を作成する際，役職別に定める倍率である（昭和56年11月18日東京高裁判決における上場会社の実態調査結果「社長3.0倍，専務2.4倍，常務2.2倍，平取締役1.8倍，監査役1.6倍」が参考となる）。

④ 功労加算
　会社に対して特に功労がある者（創業者など）に加算される割合であり，30％程度が一般的である。

(2) 弔慰金

　被相続人の雇用主などから弔慰金などの名目で受け取った金銭などのうち，実質的に退職手当金等に該当すると認められる部分は相続税の課税対象になる。
　上記以外の部分については，次に掲げる金額を弔慰金等に相当する金額とし，その金額を超える部分に相当する金額は退職手当金等として相続税の課税対象となる。

① 被相続人の死亡が業務上の死亡であるとき
　被相続人の死亡当時の普通給与の3年分に相当する額
② 被相続人の死亡が業務上の死亡でないとき
　被相続人の死亡当時の普通給与の半年分に相当する額
　（注）　普通給与とは，俸給，給料，賃金，扶養手当，勤務地手当，特殊勤務地手当などの合計額をいう。

3　自己株式の取得

　自己株式の取得の場合は，通常はみなし配当課税により税負担が重くなる。相続した株式については，相続税の申告期限から3年以内であればみなし配当課税の適用除外の特例があり，全額を株式譲渡益課税として計算することができる。

　個人が非上場株式を譲渡した場合は原則として申告分離課税とされ，譲渡益に対して20.315％の税率で課税することとされている（措法37の10）。

　しかし，株式を発行法人に対して譲渡した場合は，発行法人側で自己株式の取得となり，課税関係が変わってくる。詳しくは次項「2　自己株式の取得」を参照されたい。

4　その他の資金の手当ての方法

　自己株式の取得以外にも，会社に資金力があれば，相続人への貸付けや，個人所有資産の買取りなどの方法が考えられる。

(1)　会社からの貸付け

　会社の資金が潤沢であれば，自社から資金を借り入れ，納税資金に充てることも考えられる。

　しかし，返済方法も考えなければならない。通常は後継者の役員報酬を増額して，増額分から借入金を返済していくことになるが，以下の2点により効率的でないことが多い。

① 会社は後継者から利息を取らなければならない。その利息は後継者側で所得金額から控除できない。
② 役員報酬を増額すると，後継者の所得税・住民税（最高税率55％）も増加するため，金額によっては返済額の２倍以上の増額が必要となることもある。

(2) 個人所有の不動産を会社が買取り

被相続人が所有していた不動産を相続人が相続した後，会社が買取りを行い資金化することが考えられる。この場合，相続税の申告期限から３年以内の譲渡であれば，取得費加算の特例の適用も受けられる。

なお，被相続人が所有する不動産が，一定の法人の事業の用に供されていた宅地等に該当し，【図表２】の全ての要件を満たす場合は，特定同族会社事業用宅地等として土地の相続評価について400㎡まで80％の減額が受けられる。

特定同族会社事業用宅地等は，特定居住用宅地等（330㎡まで80％の減額）と完全併用できるため，適用を受けられるのであれば，是非検討をすべきである。

【図表２：特定同族会社事業用宅地等の要件】

---

① 相続開始の直前から相続税の申告期限まで一定の法人の事業（貸付事業を除く）の用に供されていた宅地等であること。
　※　一定の法人
　　　相続開始の直前において被相続人及び被相続人の親族等が法人の発行済株式総数の50％超を有している場合におけるその法人をいう。
② 次の要件の全てに該当する被相続人の親族が相続又は遺贈により取得したものであること。
　イ　相続税の申告期限においてその法人の役員（法人税法２条15号に規定する役員（清算人を除く）をいう）であること。
　ロ　その宅地等を相続税の申告期限まで有していること。

事例2　自社利用不動産の買取り

<概　要>
① 当社はサービス業を営むオーナー社長100％出資の法人である。
② 当社の本社を新築するに当たり，オーナー社長が個人で取得し，当社が賃借することとした。
③ オーナー社長に相続が発生し，長男である後継者が当社株式及び本社不動産を取得して社長に就任した。

<考え方>
・ 本件不動産の相続評価については，個人が取得した不動産は，取得後直ちに相続税評価額（路線価等）での評価が可能であるため，相続財産の大幅な減額効果が見込める（法人で取得した場合は3年経過しないと減額効果は生じない）。
・ 相続税の申告期限まで継続保有すれば，特定同族会社事業用宅地等として400㎡まで80％評価減の適用も考えられるため，更なる減額効果が見込める（特定居住用宅地等と完全併用可能）。
・ 後継者は，相続税の納税資金が不足する場合は，会社や金融機関等から借入れをして，納税をする。
・ 後継者は，相続税の申告期限後にこの不動産を時価で会社に売却して，資金を手にすることが可能（取得費加算により譲渡所得税負担を抑えることも可能）。

5　資金捻出ができない場合──株式の物納

> 納税資金の捻出が間に合わない場合は，非上場株式の物納を検討することも可能であるが，厳しい要件を満たす必要がある。物納株式の買戻しができない場合，一般競争入札により第三者が株主となってしまうリスクもある。

(1)　制度の概要

　国税は，金銭で納付することが原則であるが，相続税については，延納によっても金銭で納付することを困難とする事由がある場合には，納税者の申請により，その納付を困難とする金額を限度として一定の相続財産による物納が認められている。

　一定の要件を満たせば，非上場株式も物納対象財産となり得る。

(2)　物納の要件

次に掲げる全ての要件を満たしている場合に，物納の許可を受けることができる。

① 延納によっても金銭で納付することを困難とする事由があり，かつ，その納付を困難とする金額を限度としていること。

② 物納申請財産は，納付すべき相続税の課税価格計算の基礎となった相続財産のうち，次に掲げる財産及び順位で，その所在が日本国内にあること。

　　第1順位：国債，地方債，不動産，船舶，上場株式等
　　第2順位：非上場株式等
　　第3順位：動産

③ 物納に充てることができる財産は，一定の管理処分不適格財産に該当しないものであること。

④ 物納しようとする相続税の納期限又は納付すべき日（物納申請期限）までに，物納申請書に物納手続関係書類を添付して税務署長に提出すること。

(3) 物納財産の価額（収納価額）

　物納財産を国が収納するときの価額は，原則として相続税の課税価格計算の基礎となったその財産の価額による。

(4) 非上場株式の物納

　非上場株式を相続により取得した場合，その株式の発行会社に資金余力があるときは，その相続で取得した株式を発行会社に買い取ってもらい，その売却代金で相続税を支払うことが一般的であるが，非上場株式を物納申請し，これが収納されれば，譲渡益課税も発生しない等，税負担面や資金調達面で相続人及び発行会社の双方に有利と考えられる。

　非上場株式の物納申請を考慮する際は，まず物納申請の順位を遵守しているかを確認すべきことが最重要である。仮に第1順位の国債，地方債，不動産等がある場合には，それらが優先されてしまう。また，納税者が現預金を相続していたり，納税者固有の現預金が多額にあると，そもそも金銭納付が困難とならず，物納の要件を満たさなくなる可能性がある。

　【図表3】は，非上場株式の物納の主な特徴をまとめている。特に留意すべきなのは，物納者や株式の発行会社が随意契約により買戻しができないと，一般競争入札により，第三者が株主となってしまうリスクがある点である。さらに，一般競争入札を行う際は，有価証券届出書等の作成負担が必要となり，大きな手間とコストを要することとなってしまう。

【図表3:非上場株式の物納のメリット・デメリット】

メリット	デメリット
・ 直接納税に充てられるので,譲渡所得税を納付する必要がない(評価額＝納税額とできる) ・ 会社に資金力があるなら,随意契約により優先的に買取りができる可能性が高い	・ 物納手続きが煩雑である ・ 必ず買戻しができる訳ではない ・ 買戻しのためには結局資金が必要となる ・ 随意契約により買戻しができないと,第三者が株主となってしまう可能性がある ・ 一般競争入札になると,有価証券届出書等の作成が必要となり,大きなコスト負担が生じる

(5) 物納した非上場株式の買戻し

物納株式についての取扱いが定められた「物納等有価証券に関する事務取扱要領について(平成22年6月25日　財理第2532号)」より,物納した非上場株式の売却フローを【図表4】に示す。

物納した非上場株式は,発行会社などの随意契約適格者から買受意向が示されているものを除き,速やかに一般競争入札により処分することとされている。買受意向がある場合は随意契約となるが,この場合は物納者等から速やかに評価資料を提出させ,予定価格を作成の上,「見積り合せ」を実施する。購入時期は,原則として収納日から1年以内であるが,一時に買い戻すことが困難であり,将来の買受けが確実と見込まれる場合に限って分割購入を認めることができる。

【図表4：物納した非上場株式の売却フロー】

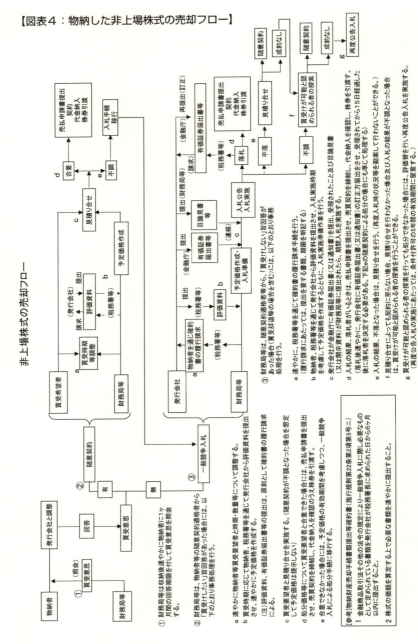

出典：財務省HP

104　1　納税資金の手当て

万が一，見積り合せが不調に終わった場合は，一般競争入札に移行してしまう。この場合，入札公告を実施するまでに有価証券届出書等や株式の評価に必要な資料を提出させ，一般競争入札が実施される。

事例3　非上場株式の物納と買戻し

<概　要>
① 当社は不動産賃貸業を営んでいるが，都心の優良物件を所有しており，収益は安定している。
② 当社のオーナー社長に相続が発生し，相続税を計算したところ，地価上昇により当社は土地保有特定会社に該当してしまったため，株価が想定の5倍以上になり納税資金が不足していることが判明した。
③ 当社は現時点で資金を融通することはできないが，賃料収入や不動産売却により，2～3年あれば自己株式の取得資金を準備することができる見込みである。
④ オーナー社長の相続人は，当社株式をひとまず物納し，将来的に当社が物納株式を買い戻すこととした。

<考え方>
・ 非上場株式を物納するためには，「物納する相続人が延納によっても納税が困難であること」「非上場株式より優先順位の高い財産がないこと」などの要件を満たす必要がある。
・ 当社としては，第三者が株主になっても困るので，自己株式の取得により買い戻すこととした（財務局から優先的に買取意思の確認を受けた）。
・ 随意契約により，3年間で物納株式の買戻しが完了した（相続評価（原則評価）程度での買戻しができた）。

　まずは，自社株を承継してきちんと納税ができるよう，自社株の評価対策や納税資金の手当てなど，できる限りのことを検討すべきである。
　また，ここでは触れなかった事業承継税制の適用なども，納税資金対策として考えられる。

平成18年の物納制度についての改正により，物納手続等が整備されるとともに，適用要件が厳しくなり，物納の件数は大幅に減少しているようである。その上，物納といえば不動産が主であり，非上場株式の物納などはなかなか実行する機会はないものと思われる。難易度は決して低くないが，納税資金がどうしても準備できない場合の選択肢として，知識としては押さえておくべきだろう。

2　自己株式の取得

　平成13年10月施行の商法改正により，自己株式の取得及び保有が自由化された。会社は株主総会の決議により，配当可能利益（会社法では分配可能額）の範囲内で自己株式を取得することが可能となっている。

　非上場会社でも，株主整理のためや相続税納税資金準備のために，自己株式の取得が広く行われている。自社株の承継のための必須の知識と言っても過言ではないだろう。

　ここでは，自己株式を取得する際の留意点について，取得手続や課税関係等を中心に触れていく。

1　自己株式取得の手続

　会社法では，不特定の株主から自己株式を取得する手続が新設された。この手続は，少数株主の整理に有効である。

(1)　株主との合意による取得（不特定の株主からの取得）

　会社法で新設された手続で，不特定の株主（全ての株主）から譲渡の申込みを受けることができる。一般的に「ミニ公開買付」と呼ばれている。

　会社が不特定の株主との合意により自己株式を有償で取得するには，以下のように「株主総会の普通決議での枠取り」「取得の都度の取締役会の決議」「株主へ通知」という手続を踏まなければならない。

① 　株主総会の普通決議（会法156）

　会社が不特定の株主との合意により自己株式を有償で取得するには，あらかじめ，株主総会の決議によって，次に掲げる事項を定めなければならない。

　なお，株主総会は定時・臨時を問わない。

イ　取得する株式の数
　　ロ　株式を取得するのと引換えに交付する金銭等の内容及びその総額
　　ハ　株式を取得することができる期間（1年以内に限る）
② **取締役会の決議（会法157）**
　会社が①の決定に従い株式を取得しようとするときは，その都度，次に掲げる事項を定めなければならない。
　なお，取締役会非設置の場合は取締役の決定となる。
　　イ　取得する株式の数
　　ロ　株式1株を取得するのと引換えに交付する金銭等の内容及び額又はこれらの算定方法
　　ハ　株式を取得するのと引換えに交付する金銭等の総額
　　ニ　株式の譲渡しの申込みの期日
③ **株主への通知（会法158）**
　会社は株主に対し，上記②の事項を通知しなければならない。通知を受けた株主のうち希望者は，会社に対し譲渡しの申込みをする。

(2) 留意点

　株主からの申込みが取得総数を超えるときは，各株主の保有株式数で按分して取得することとなる（会法159②）。
　また，具体的な1株当たりの買取価格は取締役会で決議することとなるが，整理したい株主が買取りに応じてくれなければ意味がない。申込数も含め，取得したい株主に対し，又は取得したくない株主に対し，事前の折衝が必要である。

2　特定の株主からの取得

自己株式の取得は、特定の株主に対して行うことも可能であるが、他の株主の売主追加請求権に留意が必要である。

(1) 特定の株主からの取得（会法160）

会社は、自己株式の取得をする際、特定の株主に対してだけ譲渡申込みの通知を行う旨を定めることができる。この場合、他の株主に対して売主追加請求権を行使できる旨を通知しなければならない。

特定の株主から自己株式を取得しようとする際は、以下のような手続で進めることとなる。

① 株主に対する自己株式の取得の通知（会法160②）

会社は、特定の株主から自己株式の取得をしようとする際は、他の株主に対し、売主追加請求権を行使することができる旨を通知しなければならない。

② 他の株主の売主追加請求権の行使（会法160③）

他の株主は、特定の株主に自己をも加えたものを株主総会の議案とすることを、株主総会の3日前までに請求することができる。

③ 株主総会の特別決議（会法160④）

他の株主から売主追加請求権の行使があった場合は、売主に加えて決議をする。決議内容は不特定の株主からの取得と同様、取得する株式の数、交付金銭等の総額、株式を取得することができる期間（1年以内に限る）という枠取りである。

なお、売主である株主は、株主総会において議決権を行使できない。

④ 取締役会の決議（会法157）

不特定の株主からの取得と同様、取得する株式の数、金額等の具体的な内容を決定する。

⑤ 特定の株主への通知（会法158）

会社は株主に対し、上記④の事項を通知しなければならない。通知を受けた

株主は，会社に対し譲渡しの申込みをする。

(2) 売主追加請求権（会法160②③）

前述のとおり，特定の株主から株式を取得しようとする際は，株主平等の原則から，他の株主に対して売主追加請求権を行使できる旨を通知しなければならない。

当初予定していた以外の他の株主から追加で請求されたため，予定されていた取得株式数，取得金額の上限を超える場合は，買い取る株式数は対象となる株主の持株数に応じて比例按分される。よって，当初の申込み株主の意向に沿わない結果となることもあり得る。

この売主追加請求権は非常にやっかいな規定であるが，以下のような場合は売主追加請求権を排除することができる。

① 相続人等からの取得（会法162）

売主追加請求権の規定は，会社が株主の相続人その他の一般承継人からその相続その他の一般承継により取得した株式を取得する場合には，適用しない。ただし，次のいずれかに該当する場合は，この限りでない。

 イ　株式会社が公開会社である場合
 ロ　当該相続人その他の一般承継人が株主総会において議決権を行使した場合

中小企業の多くは非公開会社（全ての株式に譲渡制限を付している会社）であるため，相続人等が相続後に議決権を行使したことがなければ，売主追加請求権を排除して当該相続人等からのみ自己株式を取得することができる。これにより，相続株式の納税資金化が容易になった。

② 特定の株主からの取得に関する定款の定め（会法164）

会社は，株式の取得について特定の株主から取得をしようとする際に，売主追加請求権の規定を適用しない旨を定款で定めることができる。

この定款規定があれば，上記①のような相続人等からの取得に限らず，特定の株主のみから自己株式の取得をすることができるようになる。

ただし，株式の発行後に定款を変更して当該株式について定款の定めを設けるときは，当該株式を有する株主全員の同意を得なければならない（会法164②）ため，既に株式が分散している会社でこの規定を入れることは容易ではない。

3 相続人等に対する売渡し請求

> 相続人等に対する売渡し請求の定款規定を入れることにより，好ましくない人物が会社の株主になることを防止できるが，クーデターのリスクに留意が必要である。

(1) 相続人等に対する売渡しの請求に関する定款の定め（会法174）

会社は，相続その他の一般承継により当該株式会社の株式（譲渡制限株式に限る）を取得した者に対し，当該株式を当該株式会社に売り渡すことを請求することができる旨を定款で定めることができる。

この規定は，株式の分散防止や，会社にとって好ましくない人物が株主になることを防止するために会社法で設けられた規定であるが，一方で，オーナー家に相続が発生した際にクーデターを起こされるリスクもある（具体的な例は 事例1 を参照）。

(2) クーデターへの対応策

売渡し請求の定款規定を入れることによるクーデターへの対応策はいくつか考えられるが，例えば以下のようなものがある。

① 相続その他の一般承継でなく，特定承継とするため，遺言により指定して後継者に株式を取得させる。特定承継の場合は売渡し請求の対象とならない。

② 社長Aの所有する甲社株式について，資産管理会社を設立してその資産管理会社に甲社株式を売却する。売却時に譲渡益課税はされてしまうが，社長Aに相続が起きても甲社株式の所有者は変わらないため，売渡し請求

の対象とならない。
③　社長Aの所有する甲社株式について，信託設定して受託者名義に変更してしまう。この場合も，上記②と同様，社長Aに相続が起きても甲社株式の所有者は変わらないため，売渡し請求の対象とならない。

事例１　**相続人等に対する売渡し請求の定款規定**

＜概　要＞

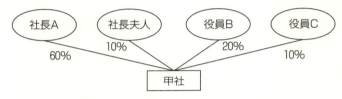

① 甲社は社長Aが創業し，順調に成長してきた会社である。
② 社長Aは親族外の役員ＢＣにも株式を所有させる方針であるが，自己と社長夫人のみで特別決議ができるよう，議決権は夫婦で70％を保有するようにしている。
③ 社長Aは役員ＢＣに対して「退職した際は株式を置いていくように」と話す一方，役員ＢＣが亡くなった場合には相続人から買い取れるよう，相続人等に対する売渡し請求の定款規定を入れていた。
④ 社長Aが事故により急逝し，株式は社長夫人が承継することとなった。

＜考え方＞
・社長Aが存命のうちは，社長夫妻で70％の議決権を有するため，安定した運営ができる。
・役員ＢＣが亡くなった場合は，定款規定により役員ＢＣの相続人から株式を買い取ることができる。
・しかし，今回のように社長Aが亡くなった場合は，役員ＢＣから定款規定による売渡し請求をされると，相続人である社長夫人は議決権を行使することができないため，役員ＢＣの議決権で100％となり，売渡し請求が成立してしまう（会社を役員ＢＣに乗っ取られてしまう）。

4 自己株式取得の財源規制

自己株式の取得には財源規制があり，分配可能額の範囲内でしか取得することができない。

(1) 自己株取得の財源規制（会法461①）

自己株式を取得するために株主に対して交付する金銭は，分配可能額を超えてはならないこととされており，剰余金の配当の際の財源規制と全く同一の制限がされている。

(2) 分配可能額（会法461②）

分配可能額は，会社法の条文どおりに考えると【図表1】のように非常に複雑な計算式となる。

しかし，当期中に臨時決算を行っておらず，当期中に自己株式の処分などがないという前提であれば，直前期末の「その他資本剰余金＋その他利益剰余金－自己株式」が分配可能額と考えて差し支えない。

なお，会社の純資産額が300万円未満である場合は，自己株式の取得を含む剰余金の配当はできないこととされている（会法458）。

【図表1：分配可能額の計算】

```
＋）剰余金の額　◀
＋）当期の臨時決算日までの利益の額
＋）当期の臨時決算日までの自己株式の処分額
－）自己株式の帳簿価額
－）当期中の自己株式の処分額
－）当期の臨時決算日までの損失の額
－）その他法務省令で定める各勘定科目に計上した額
　＝分配可能額
```

```
＋）前期末の資産の額
＋）前期末の自己株式の帳簿価額
－）前期末の負債の額
－）前期末の資本金・準備金の合計額
－）その他法務省令で定める勘定科目に計上した額
＋）当期中の自己株式の処分差益
＋）当期中の資本金・準備金の減少額
－）当期中に消却した自己株式の額
－）当期中に分配した金銭等の額
－）その他法務省令で定める勘定科目に計上した額
　＝剰余金の額
```

5　自己株式の取得に関する課税

自己株式の取得に該当する場合，売主にとっては単なる株式の譲渡益課税ではなく，通常はみなし配当課税が行われる。特に個人株主は配当所得の総合課税により税負担が重くなることが多い。

(1)　みなし配当（法法24，所法25）

自己株式の取得の対価として交付する金銭等については，その交付金銭等の合計額が株式の発行法人の資本金等の額のうちその交付の基因となった当該法人の株式に対応する部分の金額を超えるときは，その超える部分の金額に係る交付金銭等は，剰余金の配当等とみなすこととされている。

自己株式の取得における，みなし配当と株式譲渡損益の関係については，【図表2】のとおりである。

【図表2：みなし配当と株式譲渡損益】

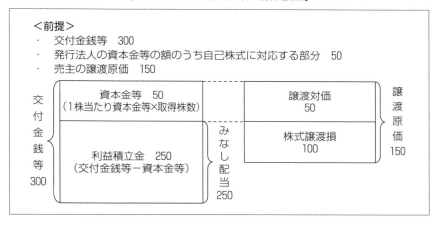

(2) 売主の課税関係

上記(1)のとおり，自己株式の取得対価として交付金銭等を受ける場合，1株当たりの資本金等を超える部分はみなし配当として配当課税がされる。設立後増減資等を行っていない会社であれば，いわゆる旧額面金額が1株当たりの資本金等になるため，交付金銭等は大半がみなし配当に該当する。

法人株主であれば，みなし配当についても受取配当の益金不算入の規定の適用があり，少なくともみなし配当の20％相当額は益金不算入とでき，発行済株式の5％超を有する場合は50％相当額を益金不算入とできるため，税負担は軽く済むことがほとんどである。

しかし，個人株主の場合，みなし配当は配当所得に該当し，配当所得は総合課税であるため他の所得（給与所得，不動産所得等）と合算して，累進課税により所得税・住民税で最高55％の税率（別途，復興特別所得税）での課税がされる。法人税課税との二重課税排除のため，配当控除が認められているが，それを加味しても最高約49.5％の税負担となってしまう。

6　みなし配当課税の適用除外の特例等

相続した株式については，相続税の申告期限から3年以内であればみなし配当課税の適用除外の特例があり，全額を株式譲渡益課税として計算することができる。さらに相続税額の取得費加算も併用できる。

(1) 概　　要

非上場株式を相続した場合は，上場株式と異なり自由に換価処分ができるわけではない。そうすると当然，納税資金確保のために株式の発行法人に対して買取りを願い出ることになる。仮に相続により取得した株式についてもみなし配当課税が適用されると，所得金額次第では，前述のとおり譲渡代金の50％程度しか手許に残らない可能性がある。

よって，相続した株式については，一定要件の下，みなし配当課税を行わず，全額を株式譲渡益として20％（別途，復興特別所得税0.315％）の課税で済むような制度となっている。

また，相続財産に係る譲渡所得の課税の特例（いわゆる取得費加算）も併用できるため，相続後に株式を発行法人に対して譲渡した場合は，譲渡による税負担はかなり抑えられる。

(2) 相続した株式を発行法人に譲渡した場合のみなし配当課税の特例（措法9の7）

相続又は遺贈による財産の取得をした個人で納付すべき相続税額があるものが，当該相続の開始があった日の翌日から相続税の申告書の提出期限の翌日以後3年を経過する日までの間に相続税の課税価格に算入された株式をその発行した非上場会社に譲渡した場合において，当該非上場会社から交付を受けた金銭の額が当該非上場会社の資本金等の額のうちその交付の基因となった株式に対応する部分の金額を超えるときは，その超える部分の金額については，みなし配当の規定は，適用しないこととされている。

つまり，みなし配当はないものとして，全額が株式譲渡益として課税されることになる。

(3) 相続財産に係る譲渡所得の課税の特例（措法39）

相続又は遺贈による財産の取得をした個人で相続税額があるものが，当該相続の開始があった日の翌日から相続税の申告書の提出期限の翌日以後3年を経過する日までの間に相続税の課税価格に算入された資産を譲渡した場合における譲渡所得に係る取得費は，当該取得費に相当する金額に当該相続税額のうち次の算式で計算した金額を加算した金額とする。

<算　式>

$$\text{その者の相続税} \times \frac{\text{その者の相続税の課税価格の計算の基礎とされた譲渡資産の価額}}{\text{その者の相続税の課税価格} + \text{その者の債務控除額}} = \text{取得費に加算する相続税の額}$$

事例2　相続した株式を自己株式として取得することにより納税資金に充てる例

<概　要>

① 甲社の経営者であるAは，甲社株式800株を先代経営者であるBから相続した。

② Aは相続税の納税資金が不足するため，相続した甲社株式のうち，400株を4億円で甲社に自己株式として取得してもらうこととした。

③ AがBからの相続により取得した財産に関する資料は以下のとおりである。

　　Aの相続税額　　4億円

　　Aの課税価格の基礎とされた甲社株式の価額　　3億円（400株分）

　　Aの相続税の課税価格　10億円

　　Aの債務控除額　　0

④ 甲社株式の取得費は，1株5万円（1株当たりの資本金等と同額），

400株で2,000万円である。

<考え方>
- 交付金銭等の額　4億円
- 取得費　2,000万円
- 取得費加算額

$$\text{Aの相続税額4億円} \times \frac{\text{Aの課税価格の計算の基礎とされた甲社株式の価額3億円}}{\text{Aの相続税の課税価格10億円} + \text{Aの債務控除額0}} = 1億2,000万円$$

- 譲渡損益　4億円−2,000万円−1億2,000万円＝2億6,000万円
- 譲渡税　2億6,000万円×20.315％＝5,282万円
- 差引手取額　4億円−5,282万円＝3億4,718万円

<参　考>
　仮に本件において相続税の申告期限から3年経過後に自己株式の取得をした場合

- 交付金銭等の額　4億円
- みなし配当　4億円−2,000万円＝3億8,000万円
- みなし配当に係る所得税住民税等（他の所得により最高税率になるものと仮定し，正味税率で計算）
　　3億8,000万円×49.5％＝1億8,810万円
- 譲渡損益　2,000万円−2,000万円＝0
- 差引手取額　2億1,190万円

　自己株式の取得について，会社法の手続及び課税関係を中心にみてきたが，実際は会社法の手続に則らずに自己株式の取得をしている例も多いものと思われる。他の株主等から指摘されなければ問題になることはないが，法律に違反していることは確かであるし，その時はよくとも，後日問題となることもあり得る。やはり法令を遵守したいものである。

第 **4** 章

自社株の承継手法

1 生前贈与を活用する

　自社株承継に限らず，いわゆる相続対策として生前贈与が有効であることはすでにご承知のことであろう。

　自社株承継の場面では，暦年課税贈与と相続時精算課税のいずれによるかが主な論点となるが，ここ数年，多くの贈与税の特例が新設・拡充されている。

　ここでは，自社株承継とは若干離れてしまうが，広い意味での事業承継対策として，子世代孫世代への生前贈与について改めて確認をしたいと思う。

　親族内承継の場合における自社株の承継方法は，売買による移転，相続による移転又は生前贈与による移転が考えられる。

1　自社株の承継方法

　自社株の承継は，株価対策を行ってから生前贈与をすることが基本。

(1)　非上場株式の相続評価

　非上場株式を移転する際は，相続評価を算定する必要があり，「財産評価基本通達」における取引相場のない株式の評価の定めにより評価する。

　会社規模等により，類似業種比準方式，純資産価額方式又はこれらの併用方式で評価をすることとされているが，基本的に業績のよい会社は株式の評価額が毎期上昇していく。その他，上場会社の株価の上昇や地価の上昇などの外的要因によっても，株式の評価額が上昇する。

(2)　売買による移転の場合

　売買による移転の場合は，移転時期を選ぶことができるため，事前に株価対策を行い，株価を引き下げた上で売買を行うことが可能である。しかし，後継

者の資金負担が重く，また売主である現経営者には株式の譲渡益に対して20.315％の課税がされてしまう。

(3) 相続による移転の場合

相続による移転の場合は，移転時期を選ぶことができないことが一番の問題である。非上場株式の相続評価は，直前の決算数値等を元に算出するため，たまたま例年より業績がよかったために株式の評価が高くなってしまうこともあり得る。

(4) 生前贈与による移転の場合

生前贈与による移転の場合は，売買と同様に移転時期を選ぶことができるため，やはり事前に株価対策を行い，株価を引き下げた上で贈与を行うことが可能である。

さらに，生前贈与の場合は，一定の要件を満たせば課税方法を選択することが可能である。暦年課税贈与，相続時精算課税贈与，贈与税の納税猶予のいずれの適用を受けるか，状況に応じて検討しなければならない。

暦年課税贈与は特に適用を受けるための要件はないが，相続時精算課税贈与及び贈与税の納税猶予の適用を受ける際は，一定の要件を満たさなければならない。

長期間をかけられるならば，毎年少しずつ株式を贈与して税負担を抑えることも可能であり，資金負担や税負担の観点から，自社株の承継のための対策は，事前に自社株の評価を引き下げた上で，生前贈与をすることが中心となる。

【図表1：贈与税の課税方式】

	暦年課税贈与	相続時精算課税贈与	贈与税の納税猶予
贈与者の要件	なし	その年1月1日において60歳以上	贈与した株式の発行法人の代表者であったことなど※
受贈者の要件	なし	その年1月1日において20歳以上の子又は孫	贈与を受けた株式を引き続き有することなど※
基礎控除額	受贈者1人当たり年間110万円	特定贈与者1人当たり累計2,500万円	暦年課税贈与又は相続時精算課税贈与と同様の計算をし，受贈者が従来から有する株式を含めて総議決権株式の3分の2までに対応する部分の贈与税を猶予※
税率	最高55％の累進課税	一律20％	
相続時の課税	相続開始前3年以内の贈与のみ贈与時の評価額で課税（納付した贈与税は控除）	全て贈与時の評価額で課税（納付した贈与税は控除）	原則として贈与時の評価額で課税（一定の要件を満たせば相続税の納税猶予の適用あり）

※ 平成30年度税制改正により，10年間の時限措置として，適用要件の大幅な緩和，議決権株式の全部についての猶予などの特例措置が設けられている（詳細は第5章参照）

2 相続時精算課税

相続時精算課税は，原則として贈与者が60歳以上でないと適用を受けられないが，住宅取得等資金の場合は贈与者の年齢にかかわらず適用を受けられる。

(1) 相続時精算課税制度（相法21の9）

① 制度の概要

相続時精算課税制度とは，その年1月1日において60歳以上の贈与者から，その年1月1日において20歳以上である子又は孫に対し，財産を贈与した場合において選択できる贈与税の制度である。

この制度を選択する場合には，贈与を受けた年の翌年の2月1日から3月

15日までの間に一定の書類を添付した贈与税の申告書を提出する必要がある。

② 贈与税額の計算

相続時精算課税の適用を受ける贈与財産については、その選択をした年以後、相続時精算課税に係る贈与者以外の者からの贈与財産と区分して贈与税額を計算する。

贈与税の額は、贈与財産の価額の合計額から、特別控除額2,500万円（前年以前に特別控除額を控除している場合は、その控除した金額を除く）を控除した後の金額に、一律20％の税率を乗じて算出する。

③ 留意点

この制度を選択すると、その選択に係る贈与者から贈与を受ける財産については、その選択をした年分以降全てこの制度が適用される（暦年課税へ戻ることはできない）。

また、贈与者である父母等が亡くなった場合は、この制度を適用した贈与財産の価額（贈与時の価額）を相続財産の価額に加算して相続税額を計算しなければならない（納付した贈与税は相続税額から控除又は還付を受けることができる）。

相続財産の価額に加算する贈与財産の価額は「贈与時の価額」とされているため、相続時の評価が上昇している場合はメリットを受けられるが、逆に相続時の評価が下落していた場合でも評価額は固定されたままとなってしまう。

(2) **住宅取得等資金の贈与を受けた場合の相続時精算課税の特例（措法70の3）**

① 制度の概要

平成15年1月1日から平成33年12月31日までの間に、その年1月1日において60歳未満の贈与者から住宅取得等資金の贈与を受けたその年1月1日において20歳以上である子又は孫が、次のいずれかの要件を満たすときは、贈与者の年齢が60歳未満であっても相続時精算課税を選択することができる。

イ 贈与年の翌年の3月15日までに、住宅取得等資金の全額を居住用家屋

の新築又は取得のための対価に充てて新築又は取得をし，同日までに自己の居住の用に供したとき又は同日後自己の居住の用に供することが確実であると見込まれるとき
　ロ　贈与年の翌年の3月15日までに，住宅取得等資金の全額を自己の居住の用に供している家屋について行う一定の増改築等の対価に充てて増改築等をし，同日までに自己の居住の用に供したとき又は同日後自己の居住の用に供することが確実であると見込まれるとき
② **受贈者の主な要件**
　イ　贈与者の直系卑属である推定相続人（孫を含む）であること
　ロ　贈与を受けた年の1月1日現在において20歳以上であること
③ **住宅取得等資金の範囲**
　住宅取得等資金とは，贈与を受けた者が自己の居住の用に供する家屋の新築若しくは取得又は自己の居住している家屋の増改築等の対価に充てるための金銭をいう。
　なお，居住用の家屋の新築若しくは取得又はその増改築等には，次のものも含まれる。
　イ　その家屋の新築若しくは取得又は増改築等とともにするその家屋の敷地の用に供される土地又は借地権等の取得
　ロ　住宅用の家屋の新築（住宅取得等資金の贈与を受けた日の属する年の翌年3月15日までに行われたものに限る）に先行してするその敷地の用に供される土地又は借地権等の取得
④ **居住用の家屋の要件**
　居住用の家屋とは，日本国内にある家屋で床面積が50㎡以上であること等の要件を満たすものをいう。
　なお，居住の用に供する家屋が2つ以上ある場合には，贈与を受けた者が主として居住の用に供すると認められる1つの家屋に限られる。
⑤ **増改築等の要件**
　特例の対象となる増改築等とは，贈与を受けた者が日本国内に所有する自己

の居住の用に供している家屋について行われる増築，改築，大規模の修繕，大規模の模様替えその他の工事のうち100万円以上であること等の要件を満たすものをいう。

⑥ 留 意 点

　この制度の適用要件を満たす場合は，贈与者の年齢が60歳未満であっても相続時精算課税を選択することができ，併せて住宅取得等資金の贈与以外の財産（例えば自社株）の贈与についても，相続時精算課税の適用を受けることができる。

　後述の「直系尊属から住宅取得等資金の贈与を受けた場合の非課税の特例」の適用を受ける場合には，同特例適用後の住宅取得等資金について贈与税の課税価格に算入される住宅取得等資金がある場合に限り，この特例の適用がある。

　また，贈与を受けた者の配偶者，直系血族及び同一生計親族等の贈与を受けた者と特別の関係がある者との請負契約等により新築若しくは増改築等をする

事例1　住宅取得等資金贈与と相続時精算課税

＜概　要＞

① 甲社のオーナー経営者であるA（56歳）は，子である専務B（32歳）を後継者と決めている。

② 甲社の業績は好調で，今後も安定成長が見込まれるが，直前期は設備投資により利益がほとんど生じなかった。

③ 甲社の自社株評価は，現在が最低値と見込まれるため，Aは自社株の大半をBに贈与することを考えている。

④ Aは事業承継税制の適用は考えていない。

⑤ Bは現在独身でAと同居している。

＜考え方＞

・ 後継者が決まっており，今後株価が上昇する可能性が高いのであれば，現時点で贈与することが好ましい。

・ Aは現在60歳未満であるため，自社株贈与について相続時精算課税を

> 選択することができず,暦年課税贈与となり高額の贈与税負担が生じてしまう。
> ・　仮にBが独立して住宅を取得するのであれば,Aからの住宅取得等資金の贈与についてAの年齢にかかわらず相続時精算課税を選択することが可能となり,自社株贈与についても相続時精算課税によることができる。

場合又はこれらの者から取得する場合には,この特例を受けることはできない。

3　住宅取得等資金の贈与に関する非課税

> 住宅取得等資金の贈与については,暦年課税でも相続時精算課税でも,一定額が非課税となる。

(1)　直系尊属から住宅取得等資金の贈与を受けた場合の非課税（措法70の2）

①　制度の概要

　平成27年1月1日から平成33年12月31日までの間に,直系尊属から住宅取得等資金の贈与を受けた受贈者が,贈与を受けた年の翌年3月15日までにその住宅取得等資金を自己の居住の用に供する家屋の新築若しくは取得又はその増改築等の対価に充てて新築若しくは取得又は増改築等をし,その家屋を同日までに自己の居住の用に供したとき又は同日後遅滞なく自己の居住の用に供することが確実であると見込まれるときには,住宅取得等資金のうち一定金額について贈与税が非課税となる。

②　受贈者の主な要件

　　イ　贈与時に贈与者の直系卑属であること
　　ロ　贈与年の1月1日において20歳以上であること
　　ハ　贈与を受けた年の合計所得金額が2,000万円以下であること

③ 住宅取得等資金の範囲

　住宅取得等資金とは，贈与を受けた者が自己の居住の用に供する家屋の新築若しくは取得又は自己の居住している家屋の増改築等の対価に充てるための金銭をいう。

　なお，居住用の家屋の新築若しくは取得又はその増改築等には，次のものも含まれる。

　　イ　その家屋の新築若しくは取得又は増改築等とともにするその家屋の敷地の用に供される土地又は借地権等の取得
　　ロ　住宅用の家屋の新築（住宅取得等資金の贈与を受けた日の属する年の翌年3月15日までに行われたものに限る）に先行してするその敷地の用に供される土地又は借地権等の取得

④ 居住用の家屋の要件

　居住用の家屋とは，日本国内にある家屋で床面積が50㎡以上240㎡以下であること等の要件を満たすものをいう。

　なお，居住の用に供する家屋が2つ以上ある場合には，贈与を受けた者が主として居住の用に供すると認められる1つの家屋に限られる。

⑤ 増改築等の要件

　特例の対象となる増改築等とは，贈与を受けた者が日本国内に所有する自己の居住の用に供している家屋について行われる増築，改築，大規模の修繕，大規模の模様替その他の工事のうち100万円以上であること等の要件を満たすものをいう。

⑥ 非課税限度額

　住宅取得等資金を贈与により取得した場合における受贈者1人についての非課税限度額は，住宅の種類や住宅用家屋の取得等に係る契約の締結がいつになるかにより異なり，また，消費税率が8％か10％かによっても異なる。

　具体的な非課税限度額は，【図表2】及び【図表3】のとおりである。

⑦ 留　意　点

　この制度では，暦年課税贈与であっても相続時精算課税贈与であっても，適

用要件を満たす場合は，一定額が非課税となる。

　前述の住宅取得等資金についての相続時精算課税の特例では受贈者の所得要件はなかったが，この特例では受贈者の合計所得金額が2,000万円以下である場合に限り，適用がある。

　また，贈与を受けた者の配偶者，直系血族及び同一生計親族等の贈与を受けた者と特別の関係がある者との請負契約等により新築若しくは増改築等をする場合又はこれらの者から取得する場合には，この特例を受けることはできない。

【図表2：住宅用家屋の取得等に係る消費税等が8％である場合】

住宅用家屋の取得等に 係る契約の締結期間	省エネ等住宅	左記以外の住宅用家屋
～平成27年12月	1,500万円	1,000万円
平成28年1月～平成32年3月	1,200万円	700万円
平成32年4月～平成33年3月	1,000万円	500万円
平成33年4月～平成33年12月	800万円	300万円

【図表3：住宅用家屋の取得等に係る消費税等が10％である場合】

住宅用家屋の取得等に 係る契約の締結期間	省エネ等住宅	左記以外の住宅用家屋
平成31年4月～平成32年3月	3,000万円	2,500万円
平成32年4月～平成33年3月	1,500万円	1,000万円
平成33年4月～平成33年12月	1,200万円	700万円

4　教育資金及び結婚・子育て資金の一括贈与に係る非課税

> 教育資金の一括贈与を受けた場合や，結婚・子育て資金の一括贈与を受けた場合も，一定額が非課税となるが，2つの制度で贈与者の死亡に係る課税関係が大きく異なる。

(1)　直系尊属から教育資金の一括贈与を受けた場合の非課税（措法70の2の2）

①　制度の概要

　平成25年4月1日から平成31年3月31日までの間に，個人（教育資金管理契約を締結する日において30歳未満の者に限る）が，教育資金に充てるため，次のいずれかの方法により贈与を受けた場合には，その信託受益権，金銭又は金銭等の価額のうち1,500万円までの金額（すでにこの「教育資金の非課税の特例」の適用を受けて贈与税の課税価格に算入しなかった金額がある場合には，その算入しなかった金額を控除した残額）に相当する部分の価額については，贈与税の課税価格に算入されない。

　イ　その直系尊属と信託会社との間の教育資金管理契約に基づき信託の受益権を取得した場合

　ロ　その直系尊属からの書面による贈与により取得した金銭を教育資金管理契約に基づき銀行等の営業所等において預金若しくは貯金として預入をした場合

　ハ　教育資金管理契約に基づきその直系尊属からの書面による贈与により取得した金銭等で証券会社の営業所等において有価証券を購入した場合

　なお，受贈者が30歳に達したこと等により教育資金管理契約が終了した場合において，その教育資金管理契約に係る非課税拠出額から教育資金支出額を控除した残額があるときは，その残額については，終了事由に該当した日の属する年の贈与税の課税価格に算入される。

②　教育資金の範囲

　教育資金とは，次のいずれかに該当するものをいう。

イ　学校等に直接支払われる入学金，授業料その他の金銭で一定のもの
　ロ　学校等以外の者に，教育に関する役務の提供として直接支払われる金銭その他の教育を受けるために直接支払われる金銭で一定のもの
（注）　学校等とは，学校教育法1条に規定する学校，同法124条に規定する専修学校，同法134条1項に規定する各種学校その他一定の施設を設置する者をいう。

③　教育資金管理契約が終了した場合

　次のイ又はロに掲げる事由に該当したことにより教育資金管理契約が終了した場合において，その教育資金管理契約に係る非課税拠出額から教育資金支出額（上記②ロの教育資金については，500万円を限度とする）を控除した残額があるときは，その残額については，その教育資金管理契約のイ又はロに該当する日の属する年の贈与税の課税価格に算入される。
　イ　受贈者が30歳に達したこと
　ロ　教育資金管理契約に係る信託財産の価額が零となった場合，教育資金管理契約に係る預金若しくは貯金の額が零となった場合又は教育資金管理契約に基づき保管されている有価証券の価額が零となった場合において受贈者と取扱金融機関との間でこれらの教育資金管理契約を終了させる合意があったことによりその教育資金管理契約が終了したこと
（注）　受贈者の死亡により教育資金管理契約が終了した場合には，その残額は贈与税の課税価格に算入されない。

④　留意点

　扶養義務者相互間における教育費の贈与で必要な都度行われるものについては，通常，贈与税は課税されない。
　一方，将来の教育費を一括贈与すると，原則として贈与税の課税対象となってしまうが，この特例の適用を受けると，受贈者が30歳までに資金を使い切れば，贈与税は課税されない。
　また，この特例の適用を受けると，その後贈与者が死亡した場合においても，特例の適用は継続し，贈与者の死亡に係る相続税の課税価格にも算入されない。
　資金余力のある高齢者にとっては，比較的容易に大きな効果を得られるもの

である。

(2) 直系尊属から結婚・子育て資金の一括贈与を受けた場合の非課税（措法70の2の3）

① 制度の概要

平成27年4月1日から平成31年3月31日までの間に，個人（結婚・子育て資金管理契約を締結する日において20歳以上50歳未満の者に限る）が，結婚・子育て資金に充てるため，次のいずれかの方法により贈与を受けた場合には，その信託受益権，金銭又は金銭等の価額のうち1,000万円までの金額（すでにこの「結婚・子育て資金の非課税の特例」の適用を受けて贈与税の課税価格に算入しなかった金額がある場合には，その算入しなかった金額を控除した残額）に相当する部分の価額については，贈与税の課税価格に算入されない。

- イ　その直系尊属と信託会社との間の結婚・子育て資金管理契約に基づき信託の受益権を取得した場合
- ロ　その直系尊属からの書面による贈与により取得した金銭を結婚・子育て資金管理契約に基づき銀行等の営業所等において預金若しくは貯金として預入をした場合
- ハ　結婚・子育て資金管理契約に基づきその直系尊属からの書面による贈与により取得した金銭等で証券会社の営業所等において有価証券を購入した場合

② 結婚・子育て資金の範囲

結婚・子育て資金とは，次に掲げる金銭をいう。

- イ　挙式費用，衣装代等の婚礼（結婚披露）費用及び家賃，敷金等の新居費用，転居費用など結婚に際して支出する金銭（300万円が限度となる）
- ロ　不妊治療，妊婦健診に要する費用，分べん費等，産後ケアに要する費用，子の医療費，幼稚園・保育所等の保育料など妊娠，出産及び育児に要する金銭

③ 結婚・子育て資金管理契約が終了した場合

次のイ又はロの事由に該当したことにより結婚・子育て資金管理契約が終了した場合において，その結婚・子育て資金管理契約に係る非課税拠出額から結婚・子育て資金支出額（結婚に際して支出する費用については300万円を限度とする）を控除した残額があるときは，その残額については，イ又はロに該当する日の属する年の贈与税の課税価格に算入される。

　イ　受贈者が50歳に達したこと
　ロ　結婚・子育て資金管理契約に係る信託財産の価額が零となった場合，結婚・子育て資金管理契約に係る預金若しくは貯金の額が零となった場合又は結婚・子育て資金管理契約に基づき保管されている有価証券の価額が零となった場合において受贈者と取扱金融機関との間でこれらの結婚・子育て資金管理契約を終了させる合意があったことによりその結婚・子育て資金管理契約が終了したこと

　　（注）　受贈者の死亡により結婚・子育て資金管理契約が終了した場合には，その残額は贈与税の課税価格に算入されない。

④ 結婚・子育て資金契約期間中に贈与者が死亡した場合

結婚・子育て資金管理契約終了の日までの間に贈与者が死亡した場合には，その贈与者の死亡の日における非課税拠出額から結婚・子育て資金支出額を控除した残額については，受贈者が贈与者から相続又は遺贈により取得したものとみなして，その贈与者の死亡に係る相続税の課税価格に加算する。

ただし，この場合において，その残額に対応する相続税額については相続税額の２割加算の対象とはならない。

⑤ 留　意　点

上記(1)の教育資金の非課税特例では，贈与者が死亡した場合でも特に課税は生じないが，この結婚・子育て資金の非課税特例は，贈与者が死亡した場合には，贈与者の死亡に係る相続税の課税価格に算入される。

相続対策という観点からは，特例の適用を受けても効果がほとんどない。

2　種類株式を活用する

　会社は，配当や議決権の有無など，一定の事項について異なる定めをした内容の異なる株式（種類株式）を発行することができる。

　旧商法時代から種類株式の発行は認められていたが，平成18年5月の会社法の施行により，種類株式はより柔軟な設計ができるようようになった。

　種類株式は必要に応じて様々な設計が可能であるが，ここでは，種類株式のうち，特に自社株の承継に有効と思われるものを中心に，その特徴と留意点について説明する。

1　種類株式の概要

> 種類株式は目的に応じて柔軟な設計が可能である。自社株の承継においては，特に配当優先株式，完全無議決権株式，取得条項付株式，全部取得条項付株式及び拒否権付株式が利用される。

(1)　種類株式の内容

　種類株式の内容には，【図表1】のようなものがある。特に自社株の承継の実務で利用されることが多いのが，「①剰余金配当（配当優先株式）」「③議決権制限付（完全無議決権株式）」「⑥取得条項付（取得条項付株式）」「⑦全部取得条項付（全部取得条項付株式）」「⑧拒否権付（拒否権付株式）」である。これらの内容は基本的に組み合わせて設計することも可能である。

(2)　種類株式の発行

　種類株式を発行する方法には，新規に種類株式を発行する場合と，既発行の株式の一部を種類株式に変更する場合がある。

① 新規に種類株式を発行する場合

新規に種類株式を発行するためには，まず，株主総会の特別決議による定款変更を行い種類株式の定めを設ける必要がある（会法309②十一）。

② 既発行の株式の一部を種類株式に変更する場合

既発行の株式の一部を種類株式に変更することが可能であるが，この場合は，内容に応じて【図表2】のような株主総会の決議が必要となる。

【図表1：種類株式の内容】

	種類株式	内容
①	剰余金配当	剰余金の配当について優先か劣後かを付ける
②	残余財産分配	残余財産の分配について優先か劣後かを付ける
③	議決権制限付	一定の事項のみ決議に参加できるようにする（全部の事項の決議に参加できなくすることも可能）
④	譲渡制限付	当該株式の譲渡による取得について会社の承認を必要とする
⑤	取得請求権付	株主が会社に当該株式の取得を請求することが可能
⑥	取得条項付	一定の事由が生じた場合に会社が当該株式の取得が可能
⑦	全部取得条項付	株主総会決議により当該株式の全部の取得が可能
⑧	拒否権付	ある事項につき当該株式にかかる種類株主総会の決議が必要
⑨	取締役等選解任	取締役，監査役の選解任が可能（株式譲渡制限会社に限る）

【図表2：株主総会の決議】

	種類株式	株主総会の決議
①	剰余金配当	特別決議（会法309②十一）
②	残余財産分配	特別決議（会法309②十一）
③	議決権制限付	特別決議（会法309②十一）
④	譲渡制限付	特殊決議（会法111②，324③）
⑤	取得請求権付	特別決議（会法309②十一）
⑥	取得条項付	種類株主全員の同意（会法111①）
⑦	全部取得条項付	特別決議（会法309②十一）
⑧	拒否権付	特別決議（会法309②十一）
⑨	取締役等選解任	特別決議（会法309②十一）

なお，種類株式は登記事項とされているが，登記のためには全株主の同意が必要とされるケースもあるので，留意が必要である。

2　配当優先株式

後継者に議決権を集約するには，後継者以外が取得する株式を議決権制限付にすればよい。その際，剰余金の配当について優先（配当優先無議決権株式）とすることで，後継者以外からも納得を得やすい。

(1)　配当・残余財産の分配についての種類株式

旧商法の時代から，剰余金の配当，残余財産の分配又はその両方について，他の株式より優先される株式が優先株式，劣後する株式が劣後株式と呼ばれており，会社法においても，基本的に同様である。

優先株式を発行するには，定款にその株式の内容及び発行する株式総数を規定する必要がある（会法108②一，二）。

＜定款記載例＞

第○条（優先配当金）
　当会社は，第○○条に定める株主配当を行うときは，優先株1株につき年100円の優先配当金を支払う。

第○条（非累積条項）
　ある事業年度において，優先株式1株当たりの剰余金の配当金額が優先配当金の額に達しないときは，その不足額は翌事業年度に累積しない。

第○条（非参加条項）
　優先株主に対しては，優先配当金を超えて剰余金の配当は行わない。

第○条（残余財産の分配）
　当会社の残余財産の分配をするときは，普通株式に先立って，優先株主に対して優先株式1株につき500円を支払う。優先株主に対しては，前記のほか残余財産の分配は行わない。

(2) 議決権制限株式

議決権制限株式とは、株主総会の全部又は一部の事項について議決権を行使できない株式をいう。制限する決議事項は、自由に定めることができる。

なお、会社法では、公開会社でない会社では、発行済株式総数の2分の1までとされていた議決権制限株式の発行限度が撤廃されている（会法115）。1株だけ議決権を残し、残りを全て完全無議決権株式とすることも会社法上は可能である。

＜定款記載例＞　完全無議決権株式

> 第○条（議決権等）
> 　A種類株式は、法令による別段の定めがある場合を除き、株主総会における議決権を有しない。

＜定款記載例＞　一部議決権制限株式

> 第○条（議決権）
> 　当会社が発行するA種類株式は、法令に別段の定めがある場合を除き、株主総会において次の各号の決議事項について議決権を有しない。
> 　1．取締役の選任及び解任にかかる決議
> 　2．合併、株式交換、株式移転、会社分割又は事業譲渡の承認にかかる決議

(3) 自社株の承継対策としての活用

自社株の承継対策としては、相続に先立って議決権制限株式を発行しておき、遺言書等の活用により、後継者には普通株式を、後継者以外の相続人には議決権制限株式を相続させることが考えられる。

これにより、後継者以外の相続人の遺留分等も考慮した財産分割が可能となり、さらには後継者に経営権を集中することが可能となる。

このような場合に後継者以外の相続人が取得する株式は、株主総会の全ての事項について議決権を有しない株式（完全無議決権株式）が適していると考え

られる。

ただし，単純に完全無議決権株式とすると，後継者以外の相続人の納得を得づらいことも多いため，剰余金の配当について優先（配当優先無議決権株式）とすることも検討が必要である。または，完全無議決権株式でなく剰余金の配当のみ議決権を設ける等の対応も考えられる。

3　取得条項付株式

取得条項付株式の活用により，株式又は議決権を後継者に集約することができるが，既発行の株式を内容変更するには，全株主の同意が必要となる。全部取得条項付株式を活用すれば，特別決議により半ば強制的に株主を整理することができる。

(1)　取得条項付株式

取得条項付株式とは，会社が一定の事由が生じたことを条件としてその株式を取得することができる株式をいう。一定の事由には，例えば取得条項付株式の発行後に定める日が到来すること等と日時を一定の条件として定めることが可能となっている（会法108②六）。

取得条項付株式の一部を取得することとするときは，その旨及び取得する株式の一部の決定の方法を定款に定めなければならない（会法107②三）。

会社は，株主総会の決議なく，取得日や取得株式を取締役会で決定することができる。取得した株式は，会社側では自己株式となり，株主は対価（株式，新株予約権，社債，新株予約権付社債，現金等）を取得する。

なお，既発行の株式を取得条項付株式に内容変更するためには，全株主の同意が必要とされている（会法111①）。

＜定款記載例＞

> 第○条（取得条項付株式）
> 　当会社は，平成○○年○○月○○日以降，取締役会の決議により，A種類株式を取得することができ，取得の対価として現金を交付する。

(2) 全部取得条項付株式

　全部取得条項付株式とは，株主総会の特別決議により会社が強制的にその全部を取得することができる種類株式をいう。私的整理等において，100％減資を可能とするために導入された制度である。

　この株式を発行するには，定款で発行可能種類株式の総数と取得対価の決定方法・条件を定める必要がある（会法108②七）。

　取得手続としては，取締役が取得を必要とする理由を株主総会で説明した上で，株主総会の特別決議により，取得対価（株式，新株予約権，社債，新株予約権付社債，現金等），その割当てに関する事項，取得日を定めることになる（会法171①一）。

＜定款記載例＞

> 第○条（全部取得条項付株式）
> 　当会社は，平成○○年○月○○日現在において発行済の当会社の普通株式について，その内容として会社法第108条第2項第7号の定めを設ける。
> 2　当会社が全部取得条項付株式を取得する場合には，全部取得条項付株式1株の取得と引き換えに，1株の取得条項付株式を交付する。

(3) 自社株の承継対策としての活用

　株式を後継者に集約する方法の一つとして，既発行の普通株式を取得条項付株式へ内容変更し，取得条項により発行法人が自己株式の取得をしてしまうことが考えられる。

資金負担は大きいが，取得対価として金銭を交付すれば，敵対的な株主を追い出すことも可能である。または取得対価として議決権制限株式を交付すれば，少ない資金負担で後継者に議決権を集約できる。

ただし，既発行の株式を取得条項付株式に内容変更するためには，全株主の同意が必要とされているため，株式が分散している場合には実行は困難である。

一方，全部取得条項付株式を利用すると，【図表３】の手順により，全株主の同意がなくとも取得条項付株式へ内容変更することが可能である。この方法は，半ば強引に株式の集約又は議決権の集約を行うものであるため，敵対的株主を追い出したい場合や，所在不明株主がいる場合など，他の方法では集約が難しい場合に利用すべきである。

【図表３：全部取得条項付株式の活用】

① 取得条項付株式の発行を可能とする株式の種類の追加の定款変更を特別決議により実施する。
② 全ての株式について，株主総会及び種類株主総会の特別決議により全部取得条項を付する。
③ 全部取得条項付種類株式の取得のための株主総会の特別決議を行い，取得の対価として取得条項付株式を交付する旨を定める。

4 拒否権付株式

自社株の評価が低くなったので全ての株式を後継者に生前贈与したいが，後継者に勝手なことをされないか不安ということであれば，拒否権付株式（黄金株）１株を保有することで後継者の行動を抑制できる。

(1) 拒否権付株式

拒否権付株式とは，一定の事項につき，特定の株主に拒否権を付与する株式をいう（会法108①八）。敵対的買収者が買収しても経営支配することを防げるということで，「黄金株」と呼ばれている。

株式会社が複数の種類株式を発行する場合には，株主総会の決議事項の全部又は一部について，特定の種類の株主のみで構成される種類株主総会の決議を要する旨を定めることができる。これは，その種類の株主にその事項についての拒否権を与えることを意味する。

　この拒否権付株式を保有すれば，この種類株主総会の承認がなければ，重要な事項の決定は全てできないことになる。代表取締役選任，取締役の選任，解任等，合併，事業譲渡等の重要事項だけでなく，株主総会の決議事項全てを拒否権の対象とすることができる。

＜定款記載例＞

第○条（発行可能株式総数）
　　当会社の発行可能株式総数は1,001株とし，このうち1,000株を普通株式，1株をＡ種類株式とする。

第○条（取締役の選解任）
　　当会社の取締役の選任又は解任については，当会社の株主総会の決議に加え，Ａ種類株式の株主による種類株主総会の決議を必要とする。

第○条（重要な資産の全部又は一部の処分等）
　　当会社の重要な資産の処分等については，当会社の株主総会の決議又は取締役会の決議に加え，Ａ種類株主総会の決議を必要とする。

第○条（定款変更）
　　当会社の定款変更については，当会社の株主総会の決議に加え，Ａ種類株主総会の決議を必要とする。

第○条（合併等）
　　当会社が合併，株式交換，株式移転をする場合には，当会社の株主総会の決議に加え，Ａ種類株主総会の決議を必要とする。

第○条（資本の減少）
　　当会社の株主への金銭の払戻しを伴う当会社の資本の額の減少については，当会社の株主総会の決議に加え，Ａ種類株主総会の決議を必要とする。

第○条（解散）
　　当会社が株主総会決議により解散する場合は，当会社の株主総会の決議に加え，Ａ種類株主総会の決議を必要とする。

(2) 自社株の承継対策としての活用

　自社株の承継対策としては，今後譲渡や贈与等により過半数の株式を所有しないことが予想し得る現経営者等が，取締役の選任や合併等については，自分の意思を将来まで反映させたいケースなどに，拒否権付株式を保持して最低限の経営権を確保するのに適している。

　また，相続に先立って拒否権付株式を発行しておき，後継者にこの拒否権付株式を取得させ，あるいは，後継者にストック・オプションとしてこの拒否権付株式の新株予約権を与えれば，後継者の一定範囲の経営権を確保できる。

5　取締役・監査役の選解任のできる種類株式

> 後継者が承継できる株数が少ない場合でも，取締役・監査役の選解任のできる種類株式があれば，実質的に後継者が経営権を取得することができる。

(1) 取締役・監査役の選解任についての種類株式

　公開会社以外の会社（譲渡制限会社）で，委員会設置会社でない会社は，その種類の株主総会における取締役又は監査役の選任に関する事項について内容の異なる数種の株式を発行することができる。

　この株式を発行した場合には，取締役又は監査役の選任は各種類の株主総会で行われ，全体の総会では行われないことになる。

　具体的には，取締役・監査役の選解任について内容の異なる数種の株式を発行するには，定款で，発行可能種類株式総数と株式の内容として，その種類株主総会を構成員とする種類株主総会において，取締役又は監査役を選任すること及び選任する取締役又は監査役の数を定める必要がある（会法108②九）。

＜定款記載例＞

第○条（役員選解任権付株式）
　A種類株主は，その種類株主総会において，取締役3名及び監査役2名を選任する。

(2) 自社株の承継対策としての活用

既に株式が分散しており，後継者が承継できる株数が少ない場合でも，事前に株主総会の特別決議により種類株式の定めを設けて，取締役を選任することができる株式を所有することにより，実質的に経営権を取得するということが可能になる。

6　株主ごとに異なる旨の定款の定め

定款に定めることで，配当や議決権について株主ごとに異なる定めをすることが認められており，後継者の承継する株式が少なくとも，経営権を確保することも可能である。

(1) 属人的種類株式

会社は，株主を，その有する株式の内容及び数に応じて，平等に取り扱わなければならないとされている（会法109①）。これは株主平等の原則と呼ばれる規定だが，その例外として，株主ごとに異なる取扱いをすることが認められている（会法109②）。

これまで見てきた種類株式は，株式ごとに異なる定めをしたものであったが，株式ではなく株主に着目したもので，属人的種類株式と呼ばれる。

この規定により，定款に定めれば，剰余金の配当・残余財産の分配・議決権について株主ごとに異なる取扱いを行うことが可能となった。

ただし，この定款変更の手続に限り，他の定款変更と異なり特別決議（総株

主の議決権の過半数を有する株主が出席し，出席株主議決権の3分の2以上の賛成。会法309②十一）でなく，特殊決議（総株主の半数以上かつ総株主の議決権の4分の3以上の賛成。会法309④）が必要であるという非常に厳しい要件がある。

＜定款記載例＞

> 第○条（議決権）
> ○○○○保有以外の普通株式については，議決権を有しない。

(2) 自社株の承継対策としての活用

あらかじめ，株主のうち取締役である者のみが議決権を有する旨を定款で定めておき，後継者を取締役にしておくことで経営権を集中するということができる。

また，相続開始前に後継者の保有する種類株式は議決権株式とし，それ以外の相続人の所有する種類株式については議決権制限株式とする旨の定めをしておけば，集中した議決権の確保となる。

1株であっても議決権だけは総議決権の過半数を占めるような株式や，その株式を取得する権利を後継者に与えておけば，それで自社株の承継対策は終わることになる。

ただし，属人的な株式というように，その人が死亡したような場合にはその効力は失われることになるため，再度の定款変更が必要となる。

(3) 他の留意点

属人的種類株式の定めは，定款に定めるのみで足り，通常の種類株式のように登記事項となっていない。

仮に税務調査等があった場合でも，いつから定款に定めがあったのか客観的に証明できるよう，確定日付証書を取るなどの対応をすべきである。

7　種類株式の相続評価

> 種類株式の相続評価は，3種類しか明らかになっていない。他の株式と比較してあまりにも強力な株式については，個別的な評価になる可能性もある。

　現在，国税庁が公表している種類株式の相続評価は，平成19年2月26日付文書回答事例「相続等により取得した種類株式等の評価について」及び平成19年3月9日付資産評価企画官情報第1号「種類株式の評価について」により，平成19年1月1日以降に相続，遺贈又は贈与により取得した次の3種類の種類株式について，原則的評価方式が適用される同族株主等が取得した場合の評価方法のみである。

(1)　配当優先の無議決権株式の評価

①　配当優先株式の評価

　イ　類似業種比準価額方式

　　　配当優先株式と普通株式を発行している会社の場合は，評価会社の比準要素を配当優先株式と普通株式とのそれぞれで算出し，類似業種比準価額については配当優先株式のものと普通株式のものとの2種類の計算を行う。

　ロ　純資産価額方式で評価する場合

　　　純資産価額方式で評価する場合は，配当金の多寡が評価の要素になっていないため，配当優先の有無に関わらず，従来どおり財産評価基本通達185《純資産価額》の定めによって評価する。

②　無議決権株式の評価

　イ　無議決権株式の評価の原則

　　　無議決権株式については，原則として議決権の有無を考慮せずに評価する。

　ロ　無議決権株式の評価の特例

　　　議決権の有無によって株式の価値に差が生じるのではないかという考え方もあることが考慮され，同族株主が無議決権株式（社債類似株式を除

く）を相続又は遺贈により取得した場合において，一定の要件を満たすときは，前記①又は原則的評価方式により評価した金額からその５％相当額を控除した金額で評価するとともに，その控除した５％相当額をその相続又は遺贈により同族株主が取得したその会社の議決権株式の価額に加算した金額で評価することもできる。

(2) 社債類似株式の評価

① 社債類似株式の意義

社債類似株式とは，次の要件を満たす株式をいう。

イ 配当金については優先して分配する。また，ある事業年度の配当金が優先配当金に達しないときは，その不足額は翌事業年度以降に累積することとするが，優先配当金を超えて配当しない。

ロ 残余財産の分配については，発行価額を超えて分配は行わない。

ハ 一定期日において，発行会社は本件株式の全部を発行価額で償還する。

ニ 議決権を有しない。

ホ 他の株式を対価とする取得請求権を有しない。

② 社債類似株式の評価

社債類似株式はその経済的実質が社債に類似していると認められるので，財産評価基本通達197-7《利付公社債の評価》の(3)に準じて発行価額により評価する。しかし，株式であることから既経過利息に相当する配当金の加算は行わない。

③ 社債類似株式発行会社の社債類似株式以外の株式の評価

社債類似株式発行会社の社債類似株式以外の株式は，社債類似株式を社債であるとみなして計算を行う。つまり，類似業種比準方式においてはその計算要素となる各指標から社債類似株式に係るものを控除し，純資産価額方式においては社債類似株式数を除外するなど，一定の調整を行う。

(3) 拒否権付株式の評価

　拒否権付株式とは，会社法108条1項8号に規定する株主総会の決議に対して拒否権の行使が認められた株式をいい，黄金株などと呼ばれている。この拒否権付株式については，拒否権を考慮せずに，普通株式と同様に評価する。

　これまで見てきたように，種類株式については，自社株の承継対策において様々な活用をすることが可能である。種類株式を導入するには，基本的に特別決議が必要となるため，現経営者が議決権割合や経営能力により主導権を握っているうちに導入する必要がある。

　しかし，自社株の承継対策において重要になってくる相続税等における自社株評価については，不明確な部分が多い。議決権の有無は原則として評価に影響しないこととされているが，例えば発行済株式1万株のうち1株だけが議決権株式，残りは全て完全無議決権株式というような場合に，後継者が承継した1株の議決権株式は，本当に株式全体の1万分の1の価値でよいのか？　残余財産の分配について優先・劣後となっている場合の評価は，他の株式と同じ単価でよいのか？

　自社株の承継対策を検討する上で，現在公表されている3種類の相続評価以外の評価方法について，早期に公表されることが望まれる。

3　信託を活用する

　認知症が進み本人の判断能力が弱くなった場合，契約行為を行うことが困難になってくる。

　このような方を支援するために成年後見制度が設けられているものの，この成年後見制度は，「本人の身上監護及び財産管理の達成」を目的としており，本人の生活のための適切な財産の処分（支出）は認められるが，それ以外の財産の処分は後見監督人や家庭裁判所に厳しくチェックされる。

　それに対して，信託であれば，信託契約により自由な設計・運用が可能である。

　平成19年9月に施行された改正信託法では，様々な規定の整備や新しい類型の信託が創設され，事業承継にも活用をしやすくなった。

1　信 託 と は

　信託は，委託者（財産の所有者），受託者（委託を受けて財産を管理処分する者）及び受益者（財産から生じる利益を受ける者）の3者からなる。

(1)　信託の概要

　信託とは，特定の者（受託者）が，財産を有する者（委託者）から移転された財産（信託財産）につき，信託契約又は遺言等（信託行為）によって，一定の目的（信託目的）に従い，財産の管理又は処分等の行為をすることをいう（信託法2）。

　信託の仕組みとしては，【図表1】のとおり，委託者が自己の財産を受託者に託し，受託者は委託者のために財産を管理処分し，受益者がその財産からの利益を享受するものである。

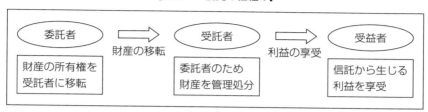

【図表1：信託の仕組み】

例えば、高齢になった父が、不動産等の財産を管理するのが不安になってきた場合に、子を受託者、父を受益者として信託契約を締結すれば、本人の意志能力が衰えた後でも、子が所有者として財産の管理処分を行えるため、適切な時期に修繕・建替・売却等を行うことが可能となる。

(2) 民事信託と商事信託

信託銀行等が受託者となる信託を「商事信託」というが、ここで主に検討するのは親族等の身近な者に管理を委託する「民事信託（家族信託）」である。

信託の受託者の条件として、信託の引受けを「営業」として行おうとする場合には、免許が必要とされている（信託業法3）。しかし、「営業」とは、営利を目的として、不特定多数の者を相手に、反復継続して行われる行為をいうため、営利を目的とせず、特定の1人から1回だけ信託を受託しようとする場合には、信託業の免許は不要と考えられ、このような信託を「民事信託」と呼んでいる。

(3) 信託の機能

信託の機能には、主に以下のようなものがある。

① 遺言代用機能

信託契約で受益者を指定することで、実質的に遺言と同様の効果を持たせることができる。遺言はいつでも遺言者の意思で書き換えることができるが、信託契約の変更は原則として委託者、受託者及び受益者の合意が必要となるため、

後継者が知らない間に変更されることを防止できる。

② **物権の債権化機能**

信託契約によれば，信託された委託者の財産は，受益者は受益権として取得することとなるため，共有物でなく分割可能な可分債権となる。よって，株式の準共有による問題が生じない（注）。

③ **倒産隔離機能**

信託された財産は受託者名義となるため，委託者の倒産による影響を受けない。また，受託者の債権者による強制執行が禁止されているため，受託者の倒産による影響を受けない。

④ **受益者連続型契約**

遺言では受遺者を指定することはできるが，その後当該受遺者が誰に渡すかを指定することはできない。信託であれば，受益者の連続的指定が可能である。

(注) 株式の準共有（会法106）

> 遺産分割協議が整うまでは，株式が二以上の者の共有に属することとなり，共有者は，その株式の議決権を行使する者一人を定め，発行会社に対し通知しなければ，議決権を行使することができない。
> ただし，発行会社が議決権を行使することに同意した場合は，この限りでない。

この規定により，遺言等がなく遺産分割協議も整っていない場合は，原則として相続人の共有となり，議決権の行使に関する協議をして会社に通知しなければ議決権行使ができない。

なお，ただし書きにより，発行会社が同意すれば協議をしなくとも議決権を行使できると読むこともできるが，東京高裁平成24年11月28日判決によると，

「同法ただし書きについても，その前提として，準共有状態にある株式の準共有者間において議決権の行使に関する協議が行われ，意思統一が図られている場合にのみ，権利行使者の指定及び通知の手続を欠いていても，会社の同意を要件として，権利行使を認めたものと解することが相当である。」

と，何ら協議を行っていない場合は議決権行使ができない旨の判示をしている。

2　信託の課税関係

信託の課税関係は，基本的には受益者に対して課税される。委託者本人が受益者となる場合は，実質的に価値の移転がないため贈与税等は課税されない。

(1) 基本的な信託の課税

税務上，適正な対価を負担せずに受益者となった者に対しては，受益権を贈与又は遺贈により取得したものとみなして，贈与税又は相続税を課税することとされている（相法9の2）。

例えば，【図表2】のように，父が賃貸不動産を信託した場合に，信託契約において受益者を子に指定すると，子に対して贈与税が課税される。それに対して，財産管理のために子に信託するが，父を受益者とする信託契約とすれば，税務上は引き続き父が財産を有しているものとして，贈与税等が課税されることはない。

仮に将来値上がりする可能性が高い有価証券や，高収益の賃貸不動産など，

【図表2：受益者に対する課税】

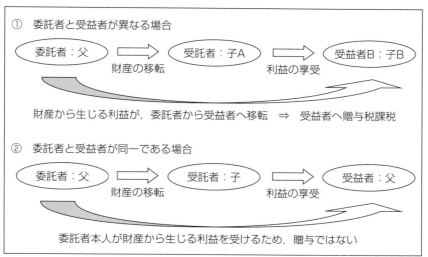

将来の所得税や相続税の負担を考えると，現在贈与税を支払ってでも受益者を子にした方がよい場合もある。

(2) 信託税制について

　信託設定により，信託財産の所有権は委託者から受託者へ移転されるが，それは受託者の固有財産とは区分管理され，信託利益は受益者へ給付される。

　信託に関する税務上の課税関係は，名目上の信託財産の所有者である受託者ではなく，実質上の所有者である受益者にその所得や利益が帰属するものとして課税する受益者課税を原則としている。しかし，信託法改正による多種多様な信託の類型に対応すべく，受益者課税だけでは課税しきれない信託については，受益者課税を原則としつつ，課税の中立性・公平性を確保するための所要の措置が講ぜられている。

　相続税法においては，次に該当する信託設定（退職年金の支給を目的とする特定の信託を除く）があった場合には，贈与によって取得したものとみなして，贈与税が課税される。

① 受益者等の存する信託の課税関係

　受益者等が存在する信託について，次に該当するときは贈与により取得したものとみなして，当該信託の受益者等に贈与税が課税される。

　　イ　信託の効力が発生したとき（相法9の2①）

　　　信託設定をする場合において，受益者等が委託者以外の者であり，適正な対価を負担していないときは，その信託の効力が生じたときに，その信託に関する権利（信託受益権）をその委託者から贈与により取得したものとみなす。

　　ロ　受益者等の変更（相法9の2②）

　　　適正な対価を負担せずに新たにその信託の受益者等となる者は，その受益者等が存するに至ったときに，その信託に関する権利をその信託の受益者等であった者から贈与により取得したものとみなす。

　　　なお，その受益者等であった者の死亡に起因して取得した場合には，遺

贈により取得したものとみなして，相続税の課税対象になる（以下ハ，ニ同様）。

ハ　受益者等の一部が存在しなくなったとき（相法9の2③）

　その信託の一部の受益者が，受益権を放棄するなど，その信託の一部の受益者が存しなくなった場合において，適正な対価を負担せずに既に信託の受益者等である者がその信託について新たに利益を受けることとなったときは，その利益を受ける者は，その利益をその信託の一部の受益者等であった者から贈与により取得したものとみなす。

ニ　信託が終了したとき（相法9の2④）

　信託が終了した場合において，適正な対価を負担せずにその信託の残余財産の給付を受けるべき者（帰属すべき者を含む）となる者があるときは，その給付を受けるべきときにおいて，その信託の残余財産の給付を受けるべき者となった者は，その信託の残余財産をその受益者等から贈与により取得したものとみなす。

② **受益者等が存しない信託の課税関係**

　受益者がまだ生まれていない子供である場合や，受益者指定権がまだ行使されていない場合など，受益者等が存在しない信託を設定する場合がある。

　この受益者等の存しない信託が設定された場合，信託財産に係る所得については，その受託者（受託者が個人である場合には，法人とみなされる）を納税義務者として，受託者の固有財産に係る所得とは区別して，その所得に対して法人税が課税されることとなる。この場合，信託の設定時に，受託者に対しその信託財産の価額に相当する金額について受贈益課税が行われる（法法2二十九の二，4の6，22②）。

　また，その後に受益者等が存在することとなった場合には，その受益者等の受益権の取得については，所得税又は法人税は課税されないこととなる（所法67の3①②，法法64の3①②）。

　具体的には，受益者等が存しない場合に受託者に対し受贈益課税し，その後の運用益についても受託者に課税する。その後において，受益者等が存するこ

とになった場合には，受益者等が受託者等の課税関係を引き継ぐことになり，この段階で特に課税関係は生じさせないこととなる。

そこで，このような課税関係に着目し，受益者等の存在しない信託を利用した相続税又は贈与税の租税回避行為に対応するため，次に該当する場合には，相続税又は贈与税を課税する措置が講ぜられている。

イ 信託の効力が発生したときの課税関係（相法9の4①）

　受益者等が存しない信託の効力が発生する場合において，その信託の受益者等となる者がその信託の委託者の親族等であるときは，その信託の効力が生ずるときに，その信託の受託者は，その信託に関する権利をその信託の委託者から贈与により取得したものとみなされ，贈与税が課税される。

　これは，その信託の受託者に適用される法人税率と相続等により適用される相続税率等の差を利用した租税回避に対応したものである。

　なお，受託者には上記のとおり法人税課税（受贈益課税）が行われているため，贈与税の計算上この法人税等相当額を控除して計算する。したがって，贈与税額が法人税等相当額を上回る場合のみ，その差額に対して贈与税が課税されることになる。

ロ 受益者等が存することとなったときの課税関係（相法9の5）

　受益者等が存しない信託について，その信託設定時において存しない者がその信託の受益者等となった場合において，その信託の受益者等となる者がその信託契約締結時における委託者の親族等であるときは，その信託の受益者等となる者は，その信託に関する権利を個人から贈与により取得したものとみなされ，贈与税が課税される。

　これは，まだ生まれていない孫等を受益者等として信託を設定し，その後に孫が出生し受益者等となった場合などには，上記イによる信託設定時の受託者課税のみで課税関係を完了すると，相続税の課税回数を減らすことにより相続税負担を免れることが可能となるため，課税の公平を確保する観点から贈与税課税を行うものとされている。

3　信託契約の締結

　信託契約により，現オーナーに議決権を留保したまま財産権を後継者に移すことも可能であるし，逆に財産権を留保したまま議決権を後継者に移すことも可能である。

(1)　受益者を後継者として株式価値を先に承継

　非上場会社の株式の相続評価は，会社規模等により類似業種比準価額，純資産価額又はこれらの併用方式により評価することとされているが，通常の事業会社で一番影響が大きいのは利益金額の多寡である。利益金額が大きい会社は当然相続評価も高くなりやすい。

　相続の場合は時期を選べないが，贈与の場合は時期を選ぶことが可能である。できれば株式の評価が低い現時点で後継者に贈与してしまいたいが，議決権は引き続き自分が行使したいという場合には，【図表3】のように委託者である現オーナーに議決権行使の指図権を残し，受益者を後継者とすれば，現オーナーが引き続き議決権を行使しつつ，後継者に財産権を移すことができる。

【図表3：議決権行使指図権の留保】

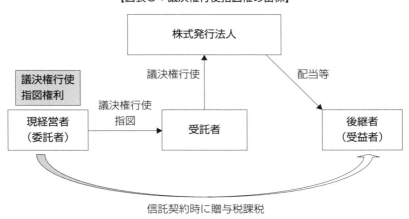

この場合，信託契約時点で後継者に対して株式の相続評価相当額の贈与があったものとして，贈与税が課税されるため，通常の贈与税を支払って終わりにするか，又は相続時精算課税の適用を受けた場合でも将来の相続時には信託契約時点の株価での評価とすることができる。

(2)　議決権行使の指図権を後継者に

　後継者に経営権を譲りたいが，贈与等により株式を後継者に生前に渡すことは難しいというような場合は，逆に，議決権行使の指図権を後継者とし，委託者兼受益者を現経営者とすれば，税負担なく後継者に経営権を譲ることができる。

　例えば，自社株を後継者に集約すると他の相続人の遺留分を侵害する場合は，受益権を分割して，後継者及び後継者以外の相続人に均等に受益権を相続させるが，議決権行使の指図権は後継者のみに渡すということも可能である。

　また，現経営者が現役の間は議決権を行使し，認知症等により議決権行使できなくなった際に後継者に譲りたいというような場合は，**事例1**のように始期付の信託契約とすることも可能である。

事例1　　始期付の株式信託契約を導入した場合

＜概　要＞

①　現経営者は高齢になっており，自身の子を後継者として決めたが，自分の判断能力があるうちは経営権を譲るつもりはない。

②　現経営者は大株主であるため，認知症等により議決権行使ができなくなることを心配している。

③　上記②のリスクに対応するため，始期付の株式信託契約を締結することとした。

＜考え方＞

・　現経営者の株式について，現経営者を委託者兼受益者，後継者を受託者として，「現経営者が認知症になった際に開始する」という始期付の

株式信託契約を締結する。
・　現経営者が元気なうちは，これまで通り議決権を行使し，配当を受領することができる。
・　現経営者が認知症になった段階で信託契約が発動し，後継者が現経営者に代わって議決権を行使することができる。
・　現経営者に相続が発生した際は，遺言又は信託契約の定めにより，後継者に株式を承継させる（信託契約を継続させ，受益権として承継させることも可能）。

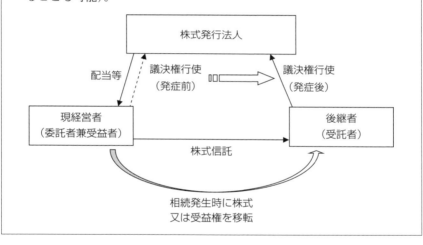

(3) 議決権行使指図権と受益権

　例えば，現経営者に子が2人（後継者A，非後継者B）いて，後継者Aに自社株を集約したいものの，自社株以外に非後継者Bに渡せる財産が乏しい場合は，自社株を信託して，受益権をA・Bに承継させることが考えられる。この際，Aに経営権を譲るため，議決権行使指図権をAに与えることとする。

　このような信託について，大阪高裁昭和58年10月27日判決をもって，指図権のない受益者から「信託契約は無効である」と主張される可能性があると考える向きもあるようだが，「信託を活用した中小企業の事業承継円滑化に関す

る研究会」が平成20年9月に公表した「中間整理」では、この論点に関して次のように整理している。

「非公開会社においては、議決権について株主ごとの異なる取扱い（いわゆる属人的定め）を定めることが認められており（会社法第109条第2項）、剰余金配当請求権等の経済的権利と議決権を分離することも許容されているため、複数の受益者のうちの特定の者に議決権行使の指図権を集中させても、会社法上の問題は生じないと考えられる。」

筆者も同様の見解である。

【参考：大阪高裁昭和58年10月27日判決】

＜概　要＞
　従業員持株制度の下で従業員株主に締結を強制している株式信託契約を無効とした事例

＜要　旨＞
- 従業員持株会の規約において、「株式信託契約を締結しない従業員は株式を取得できない」「株式信託契約の解除は認められない」とされている。
- 株式信託制度が会社の関与のもとに創設されたことが明らかであり、株主の議決権を含む共益権の自由な行使を阻止するためのものというほかなく、委託者の利益保護に著しく欠ける。会社法の精神に照らして無効と解すべきである。
- 株式配当請求権、残余財産分配請求権は委託者に帰属するとされ、信託の対象から除外されているが、共益権のみの信託は許されないものと解されることからも、信託契約は無効というべきである。

4　受益者連続型信託

> 受益者連続型信託により，現経営者は自身の後継者のみならず，その次の後継者も指定することができる。

(1)　遺言の限界

相続発生時に後継者に確実に自社株を承継させるためには，遺言を作成することが一般的であるが，例えば，「自社株は長男に承継させる。将来長男に相続が発生した場合は，自社株を長男から二男の子に承継させる」というような遺言を作成しても，長男が従わなかった場合は強制力がなく，二男の子に承継できない。

このような場合には，受益者連続型信託契約が有効である。

(2)　受益者連続型信託とは

受益者連続型信託とは，現受益者の有する信託受益権が当該受益者の死亡により，予め指定された者に順次承継される旨の定めのある信託のことをいう。受益権の承継回数に制限はなく，順次受益者を指定することも可能である。

ただし，信託期間は，信託がされたときから30年を経過後に新たに受益権を取得した受益者が死亡するまで又は当該受益権が消滅するまでとされている（信託法91）。つまり，30年を経過した後は，受益権の新たな承継は一度しか認められない。

なお，信託設定時において，受益者が現存している必要はないため，産まれる前の孫などを受益者として定めることも可能である。

事例2　受益者連続型の株式信託契約をした場合

＜概　要＞
① 現経営者Aは，長男Bを後継者としているが，長男Bには子がおらず，次の後継者には二男Cの子Dに継がせたいと考えている。

② 現経営者Aは，自社株を自身の相続時に長男Bに渡すつもりである。
③ 遺言では二男Cの子Dに自社株を渡すことができないので，受益者連続型の信託契約を締結することとした。

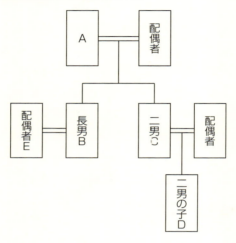

<考え方>

・ 遺言で長男Bに渡した場合，その後長男Bが遺言で「全財産を配偶者Eに」と書くと，二男Cには遺留分もないため自社株が将来配偶者Eの親族に渡ってしまう可能性がある。

・ それを避けるため，現経営者Aの自社株について，「現経営者Aが死亡したら長男Bに受益権を取得させ，長男Bが死亡したら二男Cの子Dに受益権を取得させる」という受益者連続型の株式信託契約を締結する。

・ 当初受益者は現経営者Aであるため，信託契約時には課税関係が生じない。

・ 現経営者Aの死亡時には，長男Bに対して相続税が課税され，長男Bの死亡時には，二男Cの子Dに対して相続税が課税される。

(3) 受益者連続型信託と遺留分

　受益者連続型信託の場合，受益者死亡時点で受益権が消滅し，次順位の受益者が新たに受益権を取得するため，先順位の推定相続人に遺留分減殺請求権は発生しない。

　具体的には，【図表４】において，委託者兼当初受益者Ａの死亡によりＣが受益者となるが，この場合は，Ａの相続人はＣに対して遺留分減殺請求を行うことが可能と考えられる。一方，Ｃの死亡により三次受益者Ｄが受益者となるが，Ｃの受益権は死亡とともに消滅し，Ｄが取得した受益権はＣから取得したものではないため，Ｃの相続人から遺留分減殺請求を行うことはできないものと考えられている。

【図表４：受益者連続型信託】

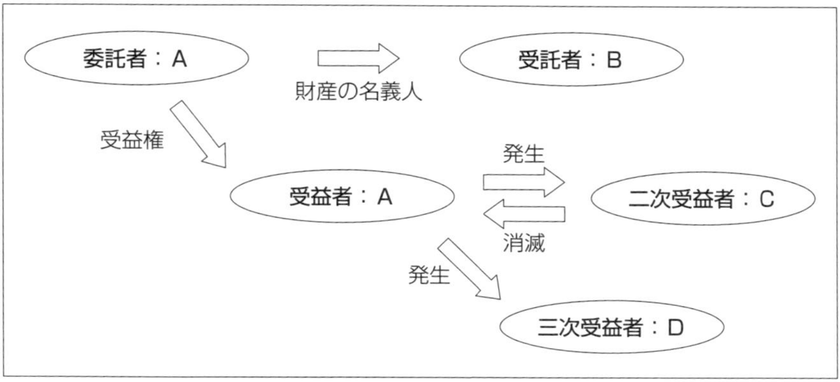

```
委託者：Ａ  ──財産の名義人──▶  受託者：Ｂ
  │
  │受益権
  ▼
受益者：Ａ  ──発生──▶  二次受益者：Ｃ
  │          ◀──消滅──
  │発生
  ▼
三次受益者：Ｄ
```

> **信託法91条（受益者の死亡により他の者が新たに受益権を取得する旨の定めのある信託の特例）**
> 　受益者の死亡により，当該受益者の有する受益権が消滅し，他の者が新たな受益権を取得する旨の定め（受益者の死亡により順次他の者が受益権を取得する旨の定めを含む。）のある信託は，当該信託がされた時から30年を経過した時以後に現に存する受益者が当該定めにより受益権を取得した場合であって当該受益者が死亡するまで又は当該受益権が消滅するまでの間，その効力を有する。

事例　受益者連続型の信託契約と遺留分対応

＜概　要＞

① 現経営者Aは，後継者と目される長女Bと，素行のあまりよくない二女Cがいる。
② 現経営者Aは，自社株を含む財産をできるだけ多く長女B及び長女の子Dに残したいと考えている。
③ 現経営者Aは，二女Cの遺留分に配慮して，財産のほとんどについて受益者連続型の信託契約を締結することとした。

・　一次受益者　　A
・　二次受益者　　Bが3／4，Cが1／4（議決権行使指図権もB）
・　三次受益者　　D

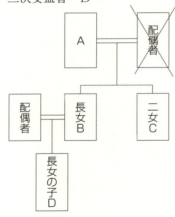

＜考え方＞

・　一次受益者をA（自益信託）とすることにより，信託契約時の課税は生じない。
・　Aの相続発生により，議決権行使指図権はBが取得するため，経営に支障が生じない。
・　Aの相続発生により，二次受益者としてCに受益権の4分の1を取得させることで，Cは遺留分を侵害されないこととなり，遺留分減殺請求

を回避できる。
- 万が一，Cから遺留分減殺請求がされたときのことを考え，あわせて民法1034条の遺言をして，受益権に対する遺留分減殺の順序を決める（自社株以外を優先させる）ことも検討。
- Cの相続発生により，三次受益者であるDが受益権を取得することが決まっているため，仮にCの遺留分減殺請求が認められたとしても，結果的にDに取得させることができる。

> **民法1034条（遺贈の減殺の割合）**
> 遺贈は，その目的の価額の割合に応じて減殺する。ただし，遺言者がその遺言に別段の意思を表示したときは，その意思に従う。

5　信託受益権の相続評価

　信託受益権の相続評価は，信託財産の価額により評価されるため，受益者が信託財産を直接有するのと同じ評価となる。ただし，元本の受益者と収益の受益者が異なる場合は，これらの受益権の合計額が信託財産の価額と一致する。

(1)　信託受益権の相続評価（評基通202）

　信託受益権の相続評価は，次のように定められている。

① 　元本と収益との受益者が同一人である場合

　財産評価通達の定めにより評価した課税時期における信託財産の価額によって評価する。

② 　元本と収益との受益者が元本及び収益の一部を受ける場合

　財産評価通達の定めにより評価した課税時期における信託財産の価額にその受益割合を乗じて計算した価額によって評価する。

③　元本の受益者と収益の受益者とが異なる場合

次に掲げる価額によって評価する。

イ　元本を受益する場合は，この通達に定めるところにより評価した課税時期における信託財産の価額から，ロにより評価した収益受益者に帰属する信託の利益を受ける権利の価額を控除した価額

ロ　収益を受益する場合は，課税時期の現況において推算した受益者が将来受けるべき利益の価額ごとに課税時期からそれぞれの受益の時期までの期間に応ずる基準年利率による複利現価率を乗じて計算した金額の合計額

(2)　信託受益権の複層化

信託受益権は，複層化することが可能で，元本受益権と収益受益権に分けて別々の者を受益者とすることも可能である。

自社株を信託した場合で言えば，信託契約終了時に株式の返還を受ける権利が元本受益権で，毎期の配当金を受領する権利が収益受益権である。

例えば，現経営者が自社株を信託するものの，老後の生活保障のため収益（配当金）の受益者は現経営者自身とし，元本（信託契約終了時の株式）の受益者は後継者とすることが考えられる。

元本の受益者と収益の受益者とが異なる場合の信託受益権の評価は，上記(1)のとおり，「信託受益権＝元本受益権＋収益受益権」で評価される。すなわち，元本受益権の評価は，信託受益権－収益受益権とされる。

米国などでは信託が財産承継方法として一般的に活用されているようだが，我が国ではまだ普及し始めているという段階であろう。

自社株の承継のために信託を活用できるケースは，意外に多いものと感じる。しかし，例えば事業承継税制について，株式信託については制度の対象とならないなど，自社株の承継のための信託を普及させるには，税制を含めた行政の後押しが必要だろう。

平成25年度税制改正で創設された教育資金贈与も信託の一種であり，この

場合の受託者は銀行などの金融機関である。一方，一般社団法人を設立して信託の受託者として活用する例が増えている。

6　金融機関の商品としての自社株信託

　金融機関においても，自社株を信託する商品が販売されているが，当然民事信託に比べてコストがかかる。

(1)　自社株信託

　いくつかの金融機関では，非上場会社の事業承継をサポートする目的で，自社株の信託を受託している。

　当然有料であるが，報酬の目安は「信託設定時に100万円～150万円」「その後は毎年10万円～30万円」程度のようである。

　金融機関の自社株信託では，「議決権を留保するタイプ」と「遺言代用タイプ」があり，前者は議決権行使指図権を現経営者とし，受益者を後継者とすることで，財産権の移転だけするものであり，後者は遺言と同様，現経営者の相続発生時において後継者に自社株に関する権利が移転するものである。

　いずれのタイプも，民事信託でも対応が可能なものであるが，信頼できる受託者がいない場合には，多少コストをかけてでも金融機関に任せることも検討できるだろう。

(2)　公正証書遺言との比較

　自社株について，公正証書遺言を作成する場合，公証人の手数料が必要だが，この手数料は遺言の目的財産の価額で決まってくる。

　例えば，1億円の自社株を後継者に相続させる公正証書遺言を作成する場合は，手数料が54,000円である（この場合における自社株の価額だが，筆者の経験では簿価純資産価額での評価とされた）。

　公正証書遺言の手数料に比べると，金融機関の自社株信託は相当割高に感じ

るが，遺言の場合，公正証書遺言であっても遺言執行までに多少なりとも時間がかかり，経営の空白期間が生じる恐れがある。一方，信託（遺言代用信託）であれば，経営者の死亡により，信託契約の定めに基づいて当然に後継者が受益権を取得できるため，経営の空白期間が生じないことがメリットとして挙げられる。

7　不動産信託

> 個人所有の事業用不動産を信託することも可能だが，不動産所得内での通算及び他の所得との損益通算ができない点に留意が必要である。

(1)　不動産信託のメリット

　自社株の信託と同様，事業用不動産を信託することも可能であり，むしろ一般的には不動産信託の方が普及している。
　事業用不動産の信託の場合も，自社株の信託と同様，次のようなメリットが考えられる。

①　不動産の修繕や建替え
　所有者本人の意思能力が弱くなると，既存物件の修繕や建替え等に支障が生じる恐れがあるが，信託契約により，不動産や金銭の管理処分権限を受託者に与えておけば，意思能力が弱くなった後も引き続き資産管理等を行うことが可能である。

②　不動産の共有化を避ける
　現物の不動産を共有とすると，共有者全員が合意しなければ売却や建替え等ができなくなってしまうため，極力避けるべきである。
　不動産を信託して受益権を各相続人に相続させるものの，管理処分権限は受託者に与えることで，適切な維持管理や処分が可能となり，各相続人が利益を得ることができる。

(2) 税務上の留意点

　税務上，一定の信託を除き，信託の受益者が信託財産に属する資産及び負債を有するものとみなし，信託財産に帰せられる収益及び費用は受益者の収益及び費用として，所得税法の規定を適用することとされている（所法13）。
　よって，不動産信託の場合は，受益者が不動産所得の申告をすることとなる。
　基本的には，通常どおり不動産所得の計算をすることになるが，信託に係る不動産所得が赤字となる場合は，次の特例があるため留意が必要である。
　イ　給与所得その他の所得との損益通算や繰越控除ができない。
　ロ　不動産所得内でも，信託から生じた損失は他の信託との通算はできず，個人の直接保有不動産に係る不動産所得との通算もできない。
　例えば，不動産取得時の付随費用や，大規模修繕があった場合など，不動産所得が赤字になるケースは結構あるが，不動産信託の場合，これらの年度の損失は切り捨てられてしまう。

> **租税特別措置法41条の4の2（特定組合員等の不動産所得に係る損益通算等の特例）**
> 　受益者が，信託から生ずる不動産所得を有する場合において，その年分の不動産所得の金額の計算上信託による不動産所得の損失の金額があるときは，その損失の金額に相当する金額は，生じなかったものとみなす。

　信託は自社株信託のみでなく，様々な目的に活用することが可能と考えられている。
　民事信託であれば，費用を抑えて信託契約を締結することが可能であるが，信託契約の作り込みなど，留意すべき点は多い。
　信託法に明るい専門家や，信頼できる受託者がいない場合には，費用はかかるものの，金融機関等を受託者とする商事信託も検討してもよいだろう。
　また，自社株の信託については，事業承継税制の対象とならないこととされているが，不動産信託については，不動産所得について不利な規定があるものの，信託された不動産であっても，小規模宅地の特例（措法69の4）の適用

対象とされているなど,直接保有と同様の取扱いがされている。

第5章

自社株の評価・納税対策

1　事業承継税制の特例

　平成21年度税制改正により創設された事業承継税制には，贈与税の納税猶予と相続税の納税猶予があるが，創設当初は「厳しい適用要件」「取消となった場合の重い税負担」などから，なかなか利用が進まなかった。その後毎年のように改正が行われ，徐々に利用しやすい制度，支援が必要な会社のための制度となってきている。

　さらに，平成30年度税制改正により，10年間の時限措置として適用対象を議決権株式の全株について全額の納税猶予とすることや，5年平均で雇用の8割維持を実質的に撤廃するなど，大幅に使いやすく，メリットも得やすい制度となっている。

　本稿では，10年間の時限措置として設けられた特例を前提に説明をする。

1　特例の適用を受けるための手続き

　10年間の時限措置として設けられた特例の適用を受けるためには，2023年3月31日までに一定の事項を記載した特例承継計画を都道府県に提出する必要がある。

(1)　特例承継計画

　特例承継計画とは，認定経営革新等支援機関の指導及び助言に基づいて特例認定承継会社が作成した計画であって，特例認定承継会社の後継者，承継時までの経営見通し等が記載された書類をいう。

　ここで，認定経営革新等支援機関とは，中小企業等の経営課題に対して専門性の高い支援を行うため，税務，金融及び企業の財務に関する専門的知識を有し，一定の経験年数を持っているといった機関や人（金融機関，税理士，公認

会計士，弁護士など）を，国が認定するものである。

【図表１】の通り，事業承継税制の特例の適用期間としては2027年12月31日までの贈与や相続が対象となるが，特例承継計画は2023年３月31日までに提出する必要がある。

なお，2023年３月31日までであれば，先に贈与や相続があった場合でも，事後的に特例承継計画を提出することも可能である。

【図表１：特例承継計画の提出期間】

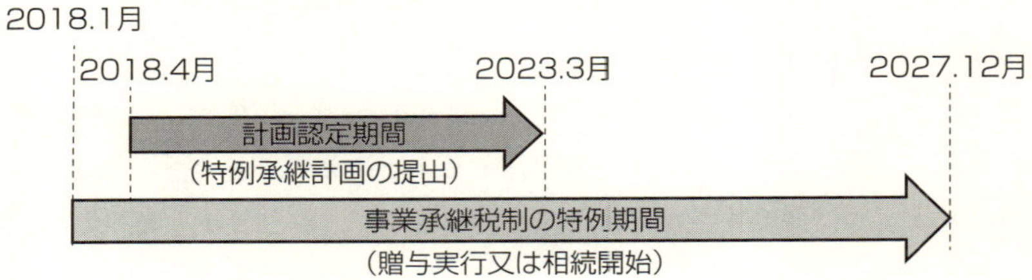

2018.1月
2018.4月　　　　　　2023.3月　　　　　　　　　　2027.12月

計画認定期間
（特例承継計画の提出）

事業承継税制の特例期間
（贈与実行又は相続開始）

(2) 特例承継計画の内容

中小企業庁より，書式（様式第21）の記載例が公表されており，一例を【図表２】に示す。

この特例承継計画はあくまでも会社が提出することとなっており，記載すべき内容は，会社の状況として業種，資本金及び従業員数を記載し，特例代表者（先代経営者）と特例後継者（後継者，最大３人）の氏名等を記載する。また，承継時までの経営見通し等として，株式の承継時期，経営上の課題と対応を記載し，さらに後継者が承継後の５年間の経営計画を記載することとされている。最終的に，認定経営革新等支援機関の指導・助言を記載して，提出することとなる。

特例承継計画には事業承継税制の細かい適用要件の確認までは求められていないため，後継者が決まっていれば，事業承継税制の適用要件を満たせていなかった場合でも，提出は可能である。

【図表2：特例承継計画の記載例（サービス業）】

様式第21

施行規則第17条第2項の規定による確認申請書
（特例承継計画）

●●●●年●月●日

●●県知事　殿

郵便番号　000-0000
会社所在地　●●県●●市…
会　社　名　経済クリーニング株式会社
電話番号　***-***-****代
表者の氏名　経済　一郎　　㊞
　　　　　　経済　二郎　　㊞

　中小企業における経営の承継の円滑化に関する法律施行規則第17条第1項第1号の確認を受けたいので、下記のとおり申請します。

記

1　会社について

主たる事業内容	生活関連サービス業(クリーニング業)
資本金額又は出資の総額	5,000,000円
常時使用する従業員の数	8人

2　特例代表者について

特例代表者の氏名	経済　太郎
代表権の有無	□有　☑無（退任日平成30年3月1日）

3　特例後継者について

特例後継者の氏名（1）	経済　一郎
特例後継者の氏名（2）	経済　二郎
特例後継者の氏名（3）	

4　特例代表者が有する株式等を特例後継者が取得するまでの期間における経営の計画に

第5章　自社株の評価・納税対策　173

ついて

株式を承継する時期（予定）	平成30年3月1日相続発生
当該時期までの経営上の課題	（株式等を特例後継者が取得した後に本申請を行う場合には、記載を省略することができます）
当該課題への対応	（株式等を特例後継者が取得した後に本申請を行う場合には、記載を省略することができます）

5　特例後継者が株式等を承継した後5年間の経営計画

実施時期	具体的な実施内容
1年目	郊外店において、コート・ふとん類に対するサービスを強化し、その内容を記載した看板の設置等、広告活動を行う。
2年目	新サービスであるクリーニング後、最大半年間（又は一年間）の預かりサービス開始に向けた倉庫等の手配をする。
3年目	クリーニング後、最大半年間（又は一年間）の預かりサービス開始。（預かり期間は、競合他店舗の状況を見て判断。） 駅前店の改装工事後に向けた新サービスを検討。
4年目	駅前店の改装工事。 リニューアルオープン時に向けた新サービスの開始。
5年目	オリンピック後における市場（特に土地）の状況を踏まえながら、新事業展開（コインランドリー事業）又は新店舗展開による売り上げ向上を目指す。

（備考）
① 用紙の大きさは、日本工業規格A4とする。
② 記名押印については、署名をする場合、押印を省略することができる。
③ 申請書の写し（別紙を含む）及び施行規則第17条第2項各号に掲げる書類を添付す

る。
④ 別紙については、中小企業等経営強化法に規定する認定経営革新等支援機関が記載する。

(記載要領)
① 「2 特例代表者」については、本申請を行う時における申請者の代表者（代表者であった者を含む。）を記載する。
② 「3 特例後継者」については、該当するものが一人又は二人の場合、後継者の氏名（2）の欄又は（3）の欄は空欄とする。
③ 「4 特例代表者が有する株式等を特例後継者が取得するまでの期間における経営の計画」については、株式等を特例後継者が取得した後に本申請を行う場合には、記載を省略することができる。

(別紙)

認定経営革新等支援機関による所見等

1 認定経営革新等支援機関の名称等

認定経営革新等支援機関の名称	●● ●●税理士事務所　印
（機関が法人の場合）代表者の氏名	●● ●●
住所又は所在地	●●県●●市…

2 指導・助言を行った年月日
　　　平成30年　5月　3日

3 認定経営革新等支援機関による指導・助言の内容

売上の7割を占める駅前店の改装工事に向け、郊外店の売上増加施策が必要。競合他店が行っている預かりサービスを行うことにより、負の差別化の解消を図るように指導。

駅前店においても、改装工事後に新サービスが導入できないか引き続き検討。
サービス内容によっては、改装工事自体の内容にも影響を与えるため、2年以内に結論を出すように助言。

また、改装工事に向けた資金計画について、今からメインバンクである●●銀行にも相談するようにしている。

なお、土地が高いために株価が高く、一郎・二郎以外の推定相続人に対する遺留分侵害の恐れもあるため「遺留分に関する民法の特例」を紹介。

出典：中小企業庁

(3) 特例承継計画の変更申請

　特例承継計画は，あくまでもその時点での計画である。例えば承継時期が10年後であれば現時点で承継後5年間の経営計画を定めることは難しく，また後継者の追加・変更なども考えられることなので，特例承継計画の変更申請を行うことが可能である。

　なお，2023年3月31日までに特例承継計画が提出してあれば，変更申請は2023年4月1日以降でも提出することが可能となっている。

2　贈与税の納税猶予の特例

> 贈与税の納税猶予の特例は，贈与時には贈与した議決権株式全株に係る贈与税の全額が猶予される。贈与者の死亡等により猶予税額が免除されるが，対象となった株式は相続税の課税対象となる。

(1) 贈与税の納税猶予の特例（措法70の7の5）

　贈与税の納税猶予の特例は，贈与者（先代経営者，その他株主）から非上場株式の贈与を受けた後継者（最大3人）が納付すべき贈与税のうち，贈与により取得した非上場株式に係る課税価格の全額に対応する額の納税が猶予される制度であり，最終的に贈与者の死亡等により猶予税額が免除される。

　猶予を受けていた非上場株式は相続により取得したものとみなされ，贈与時の評価額で相続税の課税対象となるが，一定要件を満たせば引き続き相続税の納税猶予を受けることも可能である。

【図表３：贈与税の納税猶予の特例】

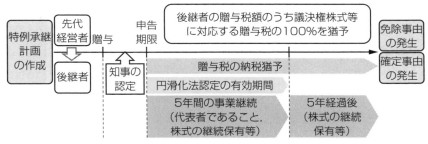

出典：中小企業庁

(2) 主な適用要件

　贈与税の納税猶予の特例の適用を受けるためには，多くの要件を満たす必要があるが，主な要件は以下の通りである。３相続税の納税猶予の特例の適用要件とほぼ同じ要件であるが，先代経営者の要件として「代表者を退任すること」や後継者の要件として「20歳以上かつ役員就任３年以上であること」が追加される。

① 贈与者（先代経営者）の要件

　イ　会社の代表者である者又は代表者であった者に該当すること

　ロ　代表時かつ贈与の直前の時で同族関係者と合わせて発行済議決権株式総数の過半数の株式を所有していたこと

　ハ　代表時かつ贈与の直前の時で同族関係者の中で筆頭議決権（後継者を除く）であったこと

　ニ　贈与の時に代表者を退任していること

　※　先代経営者以外の株主が贈与者である場合
　　　先代経営者以外の株主（贈与の時に代表権を有していない者に限る）からの贈与も贈与税の納税猶予の特例の対象となるが，贈与の時期について，先代経営者からの贈与又は相続等について贈与税の納税猶予の特例又は相続税の納税猶予の特例の適用に係る贈与税又は相続税の申告期限から５年以内に申告書の提出期限が到来する贈与に限られる。

② 後継者の要件
　イ　贈与の時に20歳以上かつ役員就任3年以上であること
　ロ　贈与の時に会社の代表者になっていること
　ハ　贈与の時に同族関係者と合わせて発行済議決権株式総数の過半数の株式を保有すること
　ニ　贈与の時に同族関係者の中で筆頭議決権となること
　ホ　贈与の時から申告期限まで対象株式の全てを保有していること
　※　後継者が2人又は3人の場合は，上記ニについて贈与の時に後継者が発行済議決権株式の10％以上であること及び後継者以外の同族関係者のいずれの者が有する議決権をも下回らないこととされる。

③ 会社の要件
　イ　経営承継円滑化法上の中小企業者に該当すること
　ロ　上場会社等又は風俗営業会社に該当しないこと
　ハ　資産保有型会社又は資産運用型会社に該当しないこと
　ニ　総収入金額がゼロの会社に該当しないこと
　ホ　常時使用する従業員数が1人以上（特別関係会社が外国会社に該当する場合には5人以上）であること
　ヘ　特定特別関係会社が中小企業者に該当し，上場会社等又は風俗営業会社に該当しないこと
　ト　拒否権付株式（黄金株）を発行している場合，後継者以外の者が有しないこと

※1　特別関係会社
　　特別関係会社とは，都道府県知事の認定を受けた会社，当該会社の代表者（後継者）及び当該代表者と次に掲げる特別の関係がある者が有する他の会社の株式等に係る議決権数の合計が，当該他の会社に係る発行済議決権株式総数の過半数を超える場合における当該他の会社をいう。
　　① 当該代表者の親族
　　② 当該代表者と婚姻の届出をしていないが事実上婚姻関係と同様の事情にある者
　　③ 当該代表者の使用人
　　④ 当該代表者から受ける金銭その他の資産によって生計を維持している者

⑤ ②から⑤に掲げる者と生計を一にするこれらの者の親族
⑥ 次に掲げる会社
　イ　当該代表者（都道府県知事認定を受けた会社及び①から⑤に掲げる者を含む）が有する会社の株式等に係る議決権数の合計が，当該会社に係る発行済議決権株式総数の過半数を超える場合における当該会社
　ロ　当該代表者及びイに掲げる会社が有する他の会社の株式等に係る議決権数の合計が，当該他の会社に係る発行済議決権株式総数の過半数を超える場合における当該他の会社
※２　特定特別関係会社
　特別関係会社のうち，「の親族」とある部分を「と生計を一にする親族」と読み替えた場合における当該他の会社をいう。

(3) 贈与株数

後継者は，贈与者から一定数以上の株式を贈与を受けなければ納税猶予の特例の適用を受けられない。具体的には，次の通りである。

① 後継者が１人の場合

イ　A＋B＜C×２／３の場合

贈与者が所有する議決権株式の全部の贈与が必要となり，贈与を受けた議決権株式の全てが納税猶予の対象となる。

ロ　A＋B≧C×２／３の場合

発行済議決権株式総数の３分の２から後継者が贈与の前から保有する議決権株式の数を控除した数（＝C×２／３－B）以上の贈与が必要となり，当該控除した数（＝C×２／３－B）の株式が納税猶予の対象となる。

> A　贈与者が贈与の直前に保有する議決権株式の数
> B　後継者が贈与の前から保有する議決権株式の数
> C　贈与直前の発行済議決権株式総数

② 後継者が２人又は３人の場合

贈与後におけるいずれの後継者の有する議決権株式の数が発行済議決権株式総数の10％以上となる贈与であって，かつ，贈与後におけるいずれの後継者の有する議決権株式の数が贈与者の有する議決権株式の数を上回る贈与が必要

となる。

※　後継者が２人以上いる場合において，贈与者が２人以上の後継者に贈与をするときは，贈与者は同一年中に贈与を行う必要がある。

(4)　手続きの概要

　贈与税の納税猶予の特例の概要については，【図表４】の通りである。

　まず，各種適用要件を満たすことについて贈与年の翌年１月15日までに都道府県知事に認定申請をし，「都道府県知事の認定」を受けた上で，通常の贈与税申告と同様，贈与年の翌年３月15日までに贈与税の申告をしなければならない。

　そして，その後５年間は事業を継続して引き続き適用要件を満たしていることについて「都道府県知事に事業継続報告」をし，５年経過後も株式の継続保有等について「税務署長に継続届出」を３年毎にする必要がある。

　最終的に，贈与者の死亡等まで適用要件を満たし続けることができれば，猶予を受けていた贈与税額は免除される。

【図表４：贈与税の納税猶予の特例の手続き】

都道府県庁	特例承継計画の策定 確認申請	● 会社が作成し，認定経営革新等支援機関（商工会，商工会議所，金融機関，税理士等）が所見を記載。 ● 平成35年3月31日まで提出可能です。 ※平成35年3月31日までに贈与を行う場合，贈与後，認定申請時までに特例承継計画を作成・提出することも可能です。
	贈与	
	認定申請	● 贈与年の10月15日〜翌年1月15日までに申請。 ● 特例承継計画を添付。
税務署	税務署へ申告	● 認定書の写しとともに，贈与税の申告書等を提出。 ● 相続時精算課税制度の適用を受ける場合には，その旨を明記
税務署／都道府県庁	申告期限後5年間	● 都道府県庁へ「年次報告書」を提出（年1回）。 ● 税務署へ「継続届出書」を提出（年1回）。
	5年経過後実績報告	● 雇用が5年平均8割を下回った場合には，満たせなかった理由を記載し，認定経営革新等支援機関が確認。その理由が，経営状況の悪化である場合等には認定経営革新等支援機関から指導・助言を受ける。
	6年目以降	● 税務署へ「継続届出書」を提出（3年に1回）。

出典：中小企業庁

(5) 贈与者が死亡した場合の相続税の納税猶予の特例への切替（措法70の7の8）

　贈与税の納税猶予の特例の適用を受ける後継者は，贈与者の死亡等により猶予を受けていた贈与税額は免除されるが，その株式は贈与者から相続により取得したものとして，相続税の課税対象となる。

この際，相続税の課税価格に算入される株式の価格は，贈与時の価格とされるため，相続時精算課税贈与と同様，株式の評価額の固定化が可能である。
　また，次の要件を満たせば引き続き相続税の納税猶予の適用を受けることも可能である。

① 後継者の要件
　イ　相続開始の時に会社の代表者であること
　ロ　相続開始の時に同族関係者と合わせて発行済議決権株式総数の過半数の株式を保有すること
　ハ　相続開始の時に同族関係者の中で筆頭議決権となること
　※　後継者が2人又は3人の場合は，上記ロについて贈与の時に後継者が発行済議決権株式の10％以上であること及び後継者以外の同族関係者のいずれの者が有する議決権をも下回らないこととされる。

② 会社の要件
　イ　上場会社等又は風俗営業会社に該当しないこと
　ロ　資産保有型会社又は資産運用型会社に該当しないこと
　ハ　総収入金額がゼロの会社に該当しないこと
　ニ　常時使用する従業員数が1人以上（特別関係会社が外国会社に該当する場合には5人以上）であること
　ホ　特定特別関係会社が上場会社等又は風俗営業会社に該当しないこと
　ヘ　拒否権付株式（黄金株）を発行している場合，後継者以外の者が有しないこと
　※1　特別関係会社，特定特別関係会社
　　　特別関係会社，特定特別関係会社については，上記(2)参照。
　※2　贈与者の死亡が納税猶予の特例の適用を受けてから5年経過後（経営承継期間経過後）である場合は，上記イホのうち上場会社等に該当しないことという要件はなくなる（上場会社等に該当しても適用を受けられる）。

【図表5：贈与税の納税猶予から相続税の納税猶予への切替】

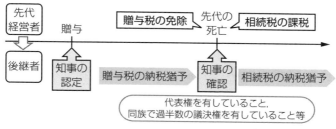

出典：中小企業庁

3 相続税の納税猶予の特例

相続税の納税猶予は、相続時には相続した議決権株式全株に係る相続税の税額が猶予され、最終的に後継者の死亡等により猶予税額が免除される。

(1) 相続税の納税猶予制度（措法70の7の6）

相続税の納税猶予の特例は、被相続人（先代経営者、その他株主）から非上場株式を相続又は遺贈により取得した後継者（最大3人）が納付すべき相続税のうち、相続等により取得した非上場株式に係る課税価格の全額に対応する額の納税が猶予される制度であり、最終的に後継者の死亡等により猶予税額が免除される。

【図表6：相続税の納税猶予の特例】

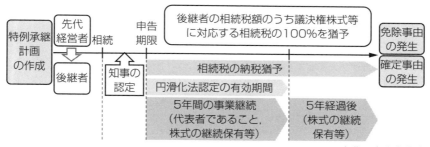

出典：中小企業庁

第5章　自社株の評価・納税対策　　*183*

(2) 主な適用要件

相続税の納税猶予の適用を受けるためには，多くの要件を満たす必要があるが，主な要件は以下の通りである。

① 被相続人（先代経営者）の要件
　イ　会社の代表者である者又は代表者であった者に該当すること
　ロ　代表時かつ相続の直前の時で同族関係者と合わせて発行済議決権株式総数の過半数の株式を所有していたこと
　ハ　代表時かつ相続の直前の時で同族関係者の中で筆頭議決権（後継者を除く）であったこと

　※　先代経営者以外の株主が被相続人である場合
　　先代経営者以外の株主（相続開始の時に代表権を有していない者に限る）からの相続等も相続税の納税猶予の特例の対象となるが，相続等の時期について，先代経営者からの贈与又は相続等について贈与税の納税猶予の特例又は相続税の納税猶予の特例の適用に係る贈与税又は相続税の申告期限から5年以内に申告書の提出期限が到来する相続等に限られる。

② 後継者の要件
　イ　相続後5か月以内に会社の代表者になっていること
　ロ　同族関係者と合わせて発行済議決権株式総数の過半数の株式を保有すること
　ハ　同族関係者の中で筆頭議決権となること
　ニ　相続の開始以前に役員に就任していること（被相続人が60歳未満で死亡した場合を除く）
　ホ　相続税の申告期限まで対象株式の全てを保有していること

　※　後継者が2人又は3人の場合は，上記ハについて相続開始の時に後継者が発行済議決権株式の10％以上であること及び後継者以外の同族関係者のいずれの者が有する議決権をも下回らないこととされる。

③ 会社の要件
　イ　経営承継円滑化法上の中小企業者に該当すること

ロ　上場会社等又は風俗営業会社に該当しないこと
ハ　資産保有型会社又は資産運用型会社に該当しないこと
ニ　総収入金額がゼロの会社に該当しないこと
ホ　常時使用する従業員数が1人以上（特別関係会社が外国会社に該当する場合には5人以上）であること
ヘ　特定特別関係会社が中小企業者に該当し，上場会社等又は風俗営業会社に該当しないこと
ト　拒否権付株式（黄金株）を発行している場合，後継者以外の者が有しないこと

※　特別関係会社，特定特別関係会社
　　特別関係会社，特定特別関係会社については，「2　贈与税の納税猶予の特例」参照。

(3)　手続きの概要

相続税の納税猶予制度の概要については，【図表7】の通りである。

手続きについても，「2　贈与税の納税猶予の特例」と概ね同じ流れであり，相続が発生してから8か月以内に各種適用要件を満たすことについて「都道府県知事に認定申請をし，「都道府県知事の認定」を受けた上で，通常通り10ヶ月以内に相続税の申告をしなければならない。

そして，その後5年間は「都道府県知事に事業継続報告」が，5年経過後は「税務署長に継続届出」を3年毎にする必要があることも贈与税の納税猶予の特例と同様である。

これらの手続きをした上で，最終的に，後継者に相続等が発生するまで株式の継続保有等を満たした場合は，猶予税額が免除されるというものである。

【図表7：相続税の納税猶予の特例の手続き】

都道府県庁	特例承継計画の策定 確認申請	● 会社が作成し，認定経営革新等支援機関（商工会，商工会議所，金融機関，税理士等）が所見を記載。 ● 平成35年3月31日まで提出可能です。 ※平成35年3月31日までに相続が発生した場合，相続後，認定申請時までに特例承継計画を作成・提出することも可能です。
	相続又は遺贈	
	認定申請	● 相続の開始の日の翌日から8か月以内に申請（相続の開始の日の翌日から5か月を経過する日以後の期間に限ります。） ● 特例承継計画を添付。
税務署	税務署へ申告	● 認定書の写しとともに，相続税の申告書等を提出。

税務署 / 都道府県庁	申告期限後5年間	● 都道府県庁へ「年次報告書」を提出（年1回）。 ● 税務署へ「継続届出書」を提出（年1回）。
	5年経過後実績報告	● 雇用が5年平均8割を下回った場合には，満たせなかった理由を記載し，認定経営革新等支援機関が確認。その理由が，経営状況の悪化である場合等には認定経営革新等支援機関から指導・助言を受ける。
	6年目以降	● 税務署へ「継続届出書」を提出（3年に1回）。

出典：中小企業庁

【図表8：平成30年度税制改正による特例制度の概要】

【改正の内容】

	現行制度	特例制度
対象株式	対象株式は，発行済議決権株式総数の2/3まで	対象株式数の上限はなく，発行済議決権株式総数の全株式が対象となる
納税猶予割合	相続税の納税猶予割合は80％（贈与税は100％）	納税猶予割合は100％
対象となる後継者	1つの会社につき1名の後継者のみ適用対象となる	後継者は3名まで適用対象となる（議決権数で上位3名，それぞれが議決権10％以上保有）
先代経営者	代表者からの承継のみが対象となる※	代表者以外からの贈与等についても5年内の承継は特例の適用対象となる
雇用確保要件	承継後5年間の平均80％未満となった場合には，猶予税額を納付しなければならない	雇用確保要件を満たせない場合であっても，都道府県に理由を記載した書類を提出することにより，納税猶予は継続する
株式の譲渡・合併・解散の場合の納付税額	承継時の株式価値により算定された猶予税額を納付	承継後5年経過後に経営悪化等の一定の要件を満たす場合，譲渡等の時点による株式価値で猶予税額を再計算し，当初猶予額との差額を免除する
相続時精算課税制度の適用	贈与者の直系卑属等のみ対象となる	贈与者の推定相続人以外の者（20歳以上）も対象となる

※現行制度も特例と同様の改正あり

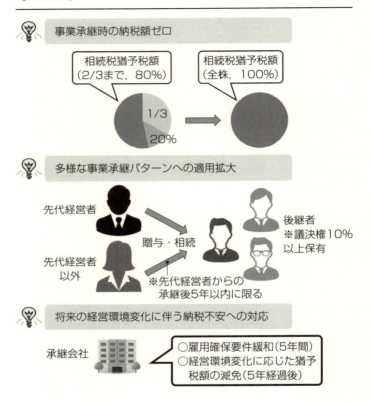

4　資産管理会社等に対する納税猶予の適用

いわゆる資産管理会社は原則として納税猶予の適用を受けられないが，常時使用従業員5人以上などの要件を満たせば，適用を受けることができる。

(1) 資産保有型会社等の不適用

納税猶予制度は，相続税等の負担による廃業を避け，雇用を守ることを主目的としているため，一般的な事業会社における適用を想定している。よって，

いわゆる資産管理会社のように資産の大半が現預金や他者へ賃貸している不動産である会社の場合は，原則として納税猶予の適用を受けることはできない。具体的には，次のいずれかに該当する会社は，納税猶予の適用対象とならない。

① **資産保有型会社**

　一の日における資産の価額の総額に占める特定資産の価額の合計額の割合が70％以上である会社をいう。

$$\frac{特定資産＋後継者及び同族関係者への配当及び過大役員報酬}{資産の帳簿価額の総額＋後継者及び同族関係者への配当及び過大役員報酬} \geqq 70\%$$

② **資産運用型会社**

　一の事業年度における総収入金額に占める特定資産の運用収入の合計額の割合が75％以上である会社をいう。

$$\frac{特定資産の運用収入}{総収入金額} \geqq 75\%$$

(2) **特定資産の範囲**

特定資産とは，次の資産をいう。
① 有価証券等（資産保有型会社又は資産運用型会社に該当しない特別関係会社株式を除く）
② 現に自ら使用していない不動産（遊休地・賃貸用不動産・販売用不動産）
③ ゴルフ場その他の施設の利用に関する権利（事業の用に供することを目的として有するものを除く）
④ 絵画，彫刻，工芸品その他の有形の文化的所産である動産，貴金属及び宝石（事業の用に供する目的のものを除く）
⑤ 現預金（代表者及びその同族関係者に対する貸付金及び未収金その他こ

れらに類する資産を含む)

(3) 判定のポイント

　資産保有型会社の判定で使用する資産の価額は，貸借対照表の価額（帳簿価額）であり，時価ではない。また，資産運用型会社の判定で使用する総収入金額や特定資産の運用収入については，資産の譲渡があった場合には，売却損益ではなく，譲渡価額そのものを収入金額として認識する。

(4) 資産保有型会社等に該当しないものとみなされる場合

　いわゆる資産管理会社においても，一般の事業会社と同様に従業員を雇用して事業活動を行っていることもあるため，次のいずれにも該当するときは当該会社を資産保有型会社及び資産運用型会社に該当しないものとみなし，他の要件を満たせば納税猶予の適用を受けられることとしている。
　① 　常時使用する従業員（後継者及び後継者の同一生計親族を除く）の数が5人以上であること。
　② 　事務所，店舗，工場等を所有し，又は賃借していること。
　③ 　贈与の日又は相続の開始の日まで引き続き3年以上にわたり商品の販売，資産の貸付け（後継者及び後継者の同族関係者に対するものを除く）又は役務の提供等の業務をしていること。

(5) 留　意　点

　株価対策として「賃貸不動産の取得」を行うことが多いが，特定資産及び特定資産からの運用収入を増やすこととなるため，資産保有型会社等に該当しやすくなる。
　一方，例えば器具備品などの動産を取得して他社にリースするような場合は，当然ながら動産は不動産に含まれないため，賃貸用資産であっても特定資産に該当せず，賃貸収入も特定資産からの運用収入に該当しないため，資産保有型会社等非該当となることも考えられる。また，資産保有型会社等に該当しない

子会社等の株式は、特定資産に該当しないため、非上場会社を買収することで資産保有型会社等非該当となることも考えられる。

事例1　持株会社の事例

＜概　要＞

① A社は製造業を営んでおり、資産保有型会社・資産運用型会社のいずれにも該当しない。
② 代表者である甲はA社株式を直接40％、持株会社B社を通じて60％所有している（資本関係は以下）。
③ 甲はA社株式及びB社株式を後継者（甲の子）に贈与する際、納税猶予の適用を受けたいと考えている。

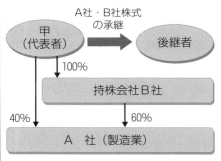

【持株会社B社】

業種	有価証券の保有・管理等
資本金	1,000万円
常時使用従業員数	1人
資産構成	貸借対照表価額（帳簿価額） 預貯金　　2,000万円 A社株式　8,000万円
収入構成	A社株式の配当金のみ

＜考え方＞

・A社株式についての納税猶予制度の適否

　A社の同族関係者内における筆頭株主は持株会社B社であり、代表者である甲は筆頭株主でなく、また、後継者についても、承継時に筆頭株主とならない。したがって、現状のままでは、納税猶予の適用を受けることはできない。

　納税猶予の適用を受けるためには、A社がB社から自社株式を取得するなどして、代表者の持株割合を高める必要がある。

・持株会社B社株式についての納税猶予制度の適否

　B社は総資産価額が1億円，特定資産が預貯金2,000万円（A社株式は資産保有型会社等以外の特別関係会社の株式に該当するため，特定資産からは除外）のため，総資産価額に占める特定資産の割合が20％となり，資産保有型会社に該当しない。また，収入はA社株式の配当金のみであるため，同様に資産運用型会社にも該当しない。

　よって，B社株式については，納税猶予制度の適用を受けることができる。

5　猶予税額の計算

　贈与税の猶予税額の特例，相続税の納税猶予の特例とも，対象株式に係る贈与税又は相続税を計算しなければならない。贈与税の猶予税額は暦年課税贈与，相続時精算課税贈与を選択でき，いずれを選択するかによって猶予税額が変わる。

(1)　贈与税の猶予税額

　贈与税の納税猶予を受ける際の猶予税額の計算方法は，【図表9】の通りである。適用対象となる株式に係る贈与税の全額が猶予税額となる。暦年課税贈与であっても相続時精算課税贈与であっても，同様の計算をして本来納付すべき贈与税額と猶予税額の差額は通常通り贈与税の申告期限までに納付しなければならない。

　同一年中に適用対象となる株式の贈与しかなければ，贈与税の納税は不要であるが，その場合でも申告は必要となる。

【図表9：贈与税の猶予税額】

＜納税が猶予される贈与税などの計算方法＞

ステップ1

贈与を受けた全ての財産の価額の合計額に基づき贈与税を計算します。

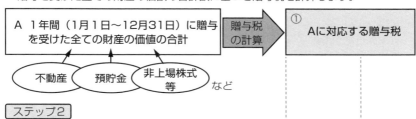

ステップ2

贈与を受けた財産がこの制度の適用を受ける非上場株式等のみであると仮定して贈与税を計算します。

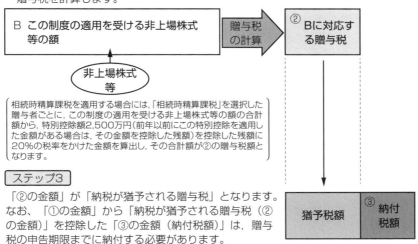

相続時精算課税を適用する場合には、「相続時精算課税」を選択した贈与者ごとに、この制度の適用を受ける非上場株式等の額の合計額から、特別控除額2,500万円（前年以前にこの特別控除を適用した金額がある場合は、その金額を控除した残額）を控除した残額に20％の税率をかけた金額を算出し、その合計額が②の贈与税額となります。

ステップ3

「②の金額」が「納税が猶予される贈与税」となります。なお、「①の金額」から「納税が猶予される贈与税（②の金額）」を控除した「③の金額（納付税額）」は、贈与税の申告期限までに納付する必要があります。

出典：国税庁

(2) 相続税の猶予税額

　相続税の納税猶予を受ける際の猶予税額の計算方法は、【図表10】の通りである。相続税の場合は、後継者以外の相続人が取得した財産も含めて猶予税額を計算しなければならない。

後継者は，納税猶予の対象となる株式以外の財産を取得していなければ，後継者は相続税の納税はなくなる。

【図表10：相続税の猶予税額】

＜納税が猶予される相続税などの計算方法（特例措置）＞

[ステップ1]

課税価格の合計額に基づいて計算した相続税の総額のうち，後継者の課税価格に対応する相続税を計算します。

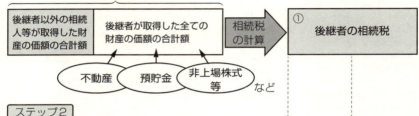

[ステップ2]

後継者が取得した財産が特例措置の適用を受ける非上場株式等のみであると仮定した相続税の総額のうち，Aに対応する後継者の相続税を計算します（債務や葬式費用がある場合は，非上場株式等以外の財産から先に控除します。）。

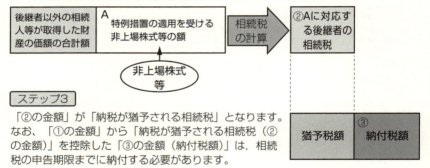

[ステップ3]

「②の金額」が「納税が猶予される相続税」となります。なお、「①の金額」から「納税が猶予される相続税（②の金額）」を控除した「③の金額（納付税額）」は，相続税の申告期限までに納付する必要があります。

出典：国税庁

事例2　相続税の納税猶予の特例の計算例

<具体的な計算例①>

　父A（先代経営者）から自社株の贈与を受けた長男B（後継者）は，贈与税の納税猶予の特例の適用を受けていたが，その後父が亡くなった（贈与時の評価額270,000千円）。

　父Aが亡くなった際に有していた財産は次の通りである。
・自宅　100,000千円（一定の減額特例適用後）　母Cが相続
・現預金　80,000千円　母が20,000千円，長女Dが60,000千円を相続

　なお，長男Bは自社株について引き続き相続税の納税猶予の特例を受けることとしている。

相続税の計算					
		合計	母C	長男B	長女D
課税相続財産	自宅	100,000千円	100,000千円		
	現預金	80,000千円	20,000千円		60,000千円
	生前贈与財産（自社株）	270,000千円		270,000千円	
	課税相続財産合計A	450,000千円	120,000千円	270,000千円	60,000千円
基礎控除額B（法定相続人3人）		△48,000千円			
基礎控除後の課税価額C（＝A－B）		402,000千円			
相続税額D（C×税率）		109,850千円	29,293千円	65,910千円	14,647千円
（実効税率）		24.4%			
配偶者の税額軽減E		△29,293千円	△29,293千円		
相続税の納税猶予額F		△65,910千円		△65,910千円	
納付税額G（＝D－E－F）		14,647千円	0円	0円	14,647千円

※　贈与税の納税猶予の適用を受けていた自社株については，贈与時の評価額で相続税の計算に取り込まれる。
※　後継者は，納税猶予の適用を受ける財産以外取得しない場合は，相続税の納税額はゼロとなる。

<具体的な計算例②>

具体的な計算例①において,仮に,事前に事業承継対策を行い,父Aが贈与した際の自社株の評価額が50,000千円だった場合の相続税は次の通りである。

(他の前提条件は具体的な計算例①と同様)

<table>
<tr><th colspan="5">相続税の計算</th></tr>
<tr><th colspan="2"></th><th>合計</th><th>母C</th><th>長男B</th><th>長女D</th></tr>
<tr><td rowspan="3">課税相続財産</td><td>自宅</td><td>100,000千円</td><td>100,000千円</td><td></td><td></td></tr>
<tr><td>現預金</td><td>80,000千円</td><td>20,000千円</td><td></td><td>60,000千円</td></tr>
<tr><td>生前贈与財産(自社株)</td><td>50,000千円</td><td></td><td>50,000千円</td><td></td></tr>
<tr><td colspan="2">課税相続財産合計A</td><td>230,000千円</td><td>120,000千円</td><td>50,000千円</td><td>60,000千円</td></tr>
<tr><td colspan="2">基礎控除額B(法定相続人3人)</td><td>△48,000千円</td><td></td><td></td><td></td></tr>
<tr><td colspan="2">基礎控除後の課税価額C(=A-B)</td><td>182,000千円</td><td></td><td></td><td></td></tr>
<tr><td colspan="2">相続税額D(C×税率)</td><td>34,500千円</td><td>18,000千円</td><td>7,500千円</td><td>9,000千円</td></tr>
<tr><td colspan="2">(実効税率)</td><td>15.0%</td><td></td><td></td><td></td></tr>
<tr><td colspan="2">配偶者の税額軽減E</td><td>△18,000千円</td><td>△18,000千円</td><td></td><td></td></tr>
<tr><td colspan="2">相続税の納税猶予額F</td><td>△7,500千円</td><td></td><td>△7,500千円</td><td></td></tr>
<tr><td colspan="2">**納付税額G(=D-E-F)**</td><td>9,000千円</td><td>0円</td><td>0円</td><td>9,000千円</td></tr>
</table>

※ 自社株の評価額が下がった事により,全体の相続税額も下がる。全体の相続税額(実効税率)が下がることにより,長女Dの納付税額も減少する。

⇒ 事業承継税制の適用を受ける場合でも,事業承継対策(自社株の評価対策等)は必要。

6　納税猶予額の制限を受ける場合

> 外国子会社の株式を保有するような場合は，納税猶予の効果が著しく減少することがある。

(1)　納税猶予額の制限

　事業承継税制の適用を検討する会社が，外国子会社の株式を保有するような場合や，医療法人の出資総額の50％超を保有するような場合，資産保有型会社等に該当して上場株式を発行済株式総数の３％以上保有するような場合は，猶予税額を計算する際の株式の評価額は「外国会社等の株式等を有していなかったものとして計算した価額」によることとされており，ほとんど猶予を受けられない可能性がある。

(2)　具体的な計算方法

① 　贈与税の納税猶予の特例又は相続税の納税猶予の特例の場合

　具体的な株式の評価額については，【図表11】の通りであり，純資産価額方式により計算する場合は，外国会社等の株式等を資産から除外し，類似業種比準方式により計算する場合は，年利益金額及び純資産価額からそれぞれ外国会社等から受けた配当金及び外国会社等の株式等の価額を除外することとなる。

② 　贈与者が死亡した場合の相続税の納税猶予の特例への切替の場合

　こちらも【図表11】の通りであるが，上記①と異なり，贈与時の株式の評価額を元に，相続開始時の純資産価額による按分計算をすることとされている。例えば，贈与税の納税猶予の特例の適用を受ける会社が，類似業種比準方式のみで評価する会社（大会社）であり，贈与時にほとんど制限を受けなかったとしても，切替時には異なる計算で大きな制限を受ける可能性もあるため留意が必要である。

【図表11：外国会社等の株式等を有する場合の株式の評価】

① 贈与税の納税猶予又は相続税の納税猶予の場合（下記②以外の場合）の猶予額の計算

　イ　純資産価額方式

　　外国会社株式等を除いて計算（純資産価額は減少）

資産		負債	
外国会社株式等	×××	諸負債	×××
その他諸資産	×××		

　ロ　類似業種比準方式

　　　　　　　　　　　　　　外国会社からの配当を除いて計算　　外国会社株式等の簿価を除いて計算

$$類似業種の株価 \times \left[\frac{評価会社の配当}{類似業種の配当} + \frac{評価会社の利益}{類似業種の利益} + \frac{評価会社の純資産}{類似業種の純資産} \right] \times 1/3$$

② 贈与税の納税猶予から相続税の納税猶予への切り替えの場合の猶予額の計算

$$認定会社の贈与時の株価 \times \frac{認定会社の相続時の純資産価額 - 外国株式等の価額}{認定会社の相続時の純資産価額}$$

7　納税猶予の取消しと納税猶予額の免除

> 事業承継税制は適用を受けた後も一定の要件を満たし続ける必要がある。また，早期の生前贈与を繰り返すことで，代とばしのような効果を得られる可能性もある。

　事業承継税制の適用を受けると，本来支払うはずであった贈与税や相続税の納税の猶予を受けることができ，一定の要件を満たせば納税が免除されるため，資金負担面で大きなメリットを得られることとなる。

　しかし，免除されるまでは一定の要件が課されるため，その後の経営や資本政策にも影響が生じる可能性がある。

(1)　免除事由

　贈与税の納税猶予及び相続税の納税猶予を受ける場合の猶予税額が免除される事由は，【図表12】のとおりである。

　贈与税の納税猶予，相続税の納税猶予とも共通する部分が多く，基本的には，「贈与者の死亡」，「後継者の死亡」，「後継者から次の後継者に贈与して，次の

後継者が贈与税の納税猶予を受ける」のいずれかによって猶予税額が免除されることとなる。

【図表12：猶予税額の免除事由】

贈与税の納税猶予	相続税の納税猶予
贈与者の死亡の時以前に後継者が死亡した場合（この場合，適用要件を満たせば後継者の相続人は相続税の納税猶予の適用を受けられる）	後継者が死亡した場合（この場合，適用要件を満たせば後継者の相続人は相続税の納税猶予の適用を受けられる）
贈与者が死亡した場合（この場合，適用要件を満たせば後継者は相続税の納税猶予の適用を受けられる）	―
後継者が5年間の経営承継期間経過後に次の後継者へ株式を贈与した場合において，次の後継者が贈与税の納税猶予の適用を受けるとき	
後継者が5年間の経営承継期間内に身体障害等のやむを得ない理由により代表者でなくなったため次の後継者へ株式を贈与した場合において，次の後継者が贈与税の納税猶予の適用を受けるとき	
上記のほか，5年間の経営承継期間経過後に「同族関係者以外の者に対して保有株式の全部を譲渡した場合」や「会社が破産又は特別清算した場合」で，一定の場合には，猶予税額の一部が免除される。	

(2) 取消事由

　納税猶予の適用を受けた場合には，贈与税又は相続税の申告期限の翌日から同日以後5年を経過する日までの期間（経営承継期間）と，経営承継期間経過後で，取消事由が異なる。主な取消事由は【図表13】のとおりである。経営承継期間内はかなり厳しい要件が課される一方，経営承継期間経過後は比較的緩い要件となる。

　経営承継期間内で一番厳しいと思われる要件は，やはり雇用を5年平均で8割維持することであろう。災害・事故・取引先の倒産等の場合は，8割維持の緩和や免除が設けられているが，通常の場合は，やはり雇用を5年平均で8割維持するということに不安を覚える後継者は多いであろう。

しかし，平成30年度税制改正により，5年平均で8割を下回った場合は，満たせなかった理由を「特例承継計画に関する報告書」に記載して都道府県知事に提出することにより，納税猶予を継続することが可能となっている（一定の場合には認定経営革新等支援機関による指導・助言が必要）。

資産保有型会社又は資産運用型会社に該当した場合は，経営承継期間経過後であろうと取消事由に該当する。資産保有型会社の判定は，厳密には納税猶予を受けている期間中の一日単位での判定となっている。一日でも該当すると，従業員数5人以上等の一定の事業実態があると認められる場合を除き，取消事由に該当してしまうため，気付かぬうちに取消事由に該当することにもなりかねない。

また，資本金又は資本準備金をその他資本剰余金に振り替える減資をした場合は，経営承継期間内であろうと経営承継期間経過後であろうと，取消事由に該当してしまう。現物出資やDES（Debt Equity Swap）をしたものの，資本金や資本準備金を元の金額に戻すためにその他資本剰余金に振り替えることは一般的に行われている。やはり気付かぬうちに取消事由に該当しないよう，会社としても支援者である専門家としても，留意が必要であろう。

【図表13：主な取消事由】

主な取消事由	経営承継期間内	経営承継期間経過後
後継者が代表者でなくなった場合（身体障害者手帳の交付を受けた場合などを除く）	取消し	―
常時使用する従業員の数が5年平均で8割を下回った場合（災害等の場合は一定の緩和措置あり）	取消し※	―
後継者と同族関係者の合計議決権割合50％以下となった場合	取消し	―
後継者が同族関係者内で筆頭議決権でなくなった場合	取消し	―
後継者が適用対象となった株式の一部を譲渡又は贈与した場合	取消し	一部取消し
後継者が適用対象となった株式の全部を譲渡又は贈与した場合	取消し	取消し
資産保有型会社等に該当することとなった場合（事業実態がある場合を除く）	取消し	取消し
総収入金額（売上高）がゼロとなった場合	取消し	取消し
資本金又は資本準備金を減少した場合（欠損填補等を除く）	取消し	取消し
上場会社等又は風俗営業会社に該当することとなった場合	取消し	―

※ 平成30年度税制改正により，従業員数が5年平均で8割を下回った場合は，満たせなかった理由を「特例承継計画に関する報告書」に記載して都道府県知事に提出することにより，納税猶予を継続可能。

(3) 組織再編をする場合

近年では，非上場会社であっても合併，分割等の組織再編を行うことが多くなっているが，納税猶予の適用を受けている場合，組織再編により取消事由に該当することがある。

① 経営承継期間内

経営承継期間内に合併により納税猶予の適用を受けていた法人が消滅した場合は，原則的には取消事由に該当するが，合併存続法人が一定の要件に該当する場合は，取消事由に該当せず納税猶予が継続することとされている。主な要件としては，【図表14】のとおりであり，同族会社のグループ内の合併であれば，比較的容易に満たせるものである。

株式交換，株式移転により，納税猶予の適用を受けていた法人の株式を手放す場合も，原則的には取消事由に該当するが，合併と同様に一定の要件を満たせば納税猶予を継続することが可能である。

一方，会社分割を行った場合において，分割承継法人等の株式を配当財産とする剰余金の配当があった（いわゆる分割型分割）ときは，会社分割によって適用対象株式の価値が低下するのと引き替えに分割承継法人等の株式を取得したということができ，実質的に株式の譲渡により対価を得たことと同一視できるため，取消事由に該当してしまう。分割型分割の場合は，合併等の場合のように納税猶予が継続することはないため留意が必要である。

【図表14：合併により消滅する場合の継続要件】

- 後継者が合併存続法人の代表者であること。
- 合併対価として合併存続法人の株式以外の財産が交付されていないこと。
- 後継者と同族関係者で合併存続法人の発行済議決権総数の50％超を有すること。
- 後継者が同族関係者内で筆頭株主であること。
- 合併存続法人が上場会社等，風俗営業会社又は資産保有型会社等のいずれにも該当しないこと。
- 合併存続法人の一定の子会社が風俗営業会社に該当しないこと。

② 経営承継期間経過後

経営承継期間経過後に合併により納税猶予の適用を受けていた法人が消滅した場合は，原則的には取消事由に該当するが，対価として合併存続法人等の株式のみ交付された場合は，取消事由に該当しない。当該株式以外の資産が交付された場合は当該株式以外の資産に対応する部分のみ取消し（一部取消し）と

なる。

株式交換，株式移転及び分割型分割の場合も同様である。

(4) 2代目から3代目への生前贈与

贈与税の納税猶予の適用を受けている後継者（2代目）が，経営承継期間経過後に次の後継者（3代目）へ納税猶予の対象となっている株式を贈与した場合において，当該次の後継者（3代目）が贈与税の納税猶予制度の適用を受けるときは，当初の後継者（2代目）が適用を受けていた猶予税額は免除される。

また，当初の後継者から次の後継者への贈与が経営承継期間内であっても，身体障害等のやむを得ない理由により当初の後継者が代表者を退任した場合に限り，同様に当初の後継者の猶予税額は免除される。

仮に，当初贈与者（1代目）の死亡前に，当初後継者（2代目）から次の後継者（3代目）に贈与税の納税猶予の適用を受ける株式の贈与が行われていた場合は，次のように取り扱うこととされており，2代目経営者には相続税が課税されず，いわゆる代とばしのような状況となる。

① 2代目経営者が猶予を受けていた贈与税は免除される。
② 1代目経営者に係る相続税は，3代目後継者が相続又は遺贈により取得したものとして，相続税が課税される。この場合における相続税の課税価格に算入すべき株式の価格は，当初贈与時の価格とされる。

例えば，1代目から2代目へ相続評価100の甲社株式を贈与して，2代目が贈与税の納税猶予の適用を受け，その後1代目の存命中に2代目から3代目へ相続評価150になった甲社株式を贈与して3代目が贈与税の納税猶予の適用を受けた（2代目が猶予を受けていた贈与税は免除された）場合において，1代目に相続が発生したときは，3代目が1代目から相続評価100の甲社株式を相続又は遺贈により取得したものとみなして，3代目に相続税が課税される（2代目に対して相続税は課税されない）。

(5) 取消しとなった場合の税負担

納税猶予が取消しとなった場合は、本来納付すべきであった猶予税額はもちろん、猶予期間に応じた利子税を併せて納付しなければならない。

利子税については、特例基準割合によって変動するものの、低金利が続いているため年1％未満となっており、また、経営承継期間経過後に取消事由に該当した場合は、経営承継期間に対応する利子税は免除されるため、例えば経営承継期間経過直後に取消事由に該当した場合は、ほぼ猶予税額のみの納付で済むこととなる。

納税猶予の適用を受ける贈与税・相続税については、本来は贈与時・相続時に納付すべきものである。贈与税の納税猶予については、適用を受けることが難しいなら、そもそも贈与をしないという選択肢もあるが、相続税の納税猶予については、適用を受けなければ相続開始から10ヵ月以内に納付しなければならないものなので、納税資金を調達できるまでのつなぎとして納税猶予の適用を受けることも考えられる。

事例2　相続税の納税猶予の適用を受けた事例

＜概　要＞
① 当社は不動産賃貸業を営んでおり（資産保有型会社に該当）、従業員は以下の5名である。
・後継者の別生計親族　1名
・使用人兼務役員　1名
・再雇用の高齢者（75歳）　1名
・他の一般従業員　2名
② 当社の代表者は相続対策の途中で急遽亡くなった。
③ 被相続人の主な財産は当社株式8億円と不動産5億円であり、納税資金が不足している。
④ 当社は資金に若干余裕があるが、当社の株主には親族内ではあるが友

好的でない株主がいる。
⑤ 後継者には子がおらず，自分の代で事業を終了することを検討している。

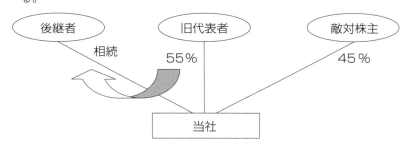

<考え方>
- 相続税の納税資金の準備には，まず自己株式の取得が考えられる。通常は自己株式の取得をするとみなし配当課税により重い税負担が生じるが，相続開始から３年10ヵ月の間に自己株式の取得をすれば，譲渡益課税（税負担20.315％）で済む。
- しかし，当社は敵対的な株主が45％の議決権を有し，仮に後継者から発行済株式の10％超の自己株式の取得をすると，議決権が逆転してしまう。
- 後継者が相続した不動産の一部は当社で買い取り，代金を納税資金に充てるが，なお不足するため相続税の納税猶予の適用を受けることとした。

<留意点>
- 当社は資産保有型会社に該当するため，従業員５人を下回ると納税猶予の適用を受けられない（適用を受けた後に５人を下回ると納税猶予が取消となる）。よって，万が一の事態に備えて従業員を１人でも増やすべきである。
- 経営承継期間経過後であれば，納税猶予を取りやめたとしても，経営

承継期間に対応する利子税は免除されるため，当初 5 年間の間に猶予税額の準備をしつつ，事業の継続や終了を検討することができる。

2 組織再編を活用する

　組織再編には，合併・分割・株式交換・株式移転などがあるが，これらは本来は「意思決定の迅速化」や「経営の効率化」などの事業遂行上の目的を果たすために行われるものである。

　組織再編は法人税法において，税制適格と税制非適格の再編が規定されており，税制非適格の場合は再編により法人税等の負担が生じる可能性があるが，税制適格の場合は資産負債を帳簿価額で移転することとされているため，法人税等の課税を受けることなく，再編を行うことが可能である。

　特に同族関係者で50％超支配している場合は，比較的容易に税制適格とできるため，同族会社でも多くの再編が行われている（税制適格要件はここでは割愛する）。

　一方，自社株の評価（相続税評価）については，財産評価基本通達の定めにより評価することとされており，会社規模による区分（大会社・中会社・小会社）や，特定の評価会社（株式保有特定会社等）に該当するかにより評価が決まってくるため，組織再編があった場合は自社株の評価に大きく影響することがある。

　ここでは，各組織再編行為による自社株の評価への影響や組織再編を活用した評価引下げについて触れていく。

1　合併による会社規模の拡大

> 合併による会社規模の拡大により，類似業種比準価額の反映割合を増やすことができるが，合併直後は純資産価額のみしか利用できないケースもあり，一時的に株価が上昇する可能性がある。

(1)　合併による会社規模の拡大

　親子会社や兄弟会社が合併をした場合は，純資産価額は基本的に2社を合算したものとなり，類似業種比準価額は単純合算とはならないまでも，2社の利益が合算されることと，合併法人は被合併法人の利益積立金を引き継ぐこととなるため，合併をしても2つの評価額の引下げ効果は乏しい。

　しかし，これまで何度も触れたとおり自社株の評価は，会社規模により，類似業種比準方式，純資産価額方式又はこれらの折衷方式により評価することとなるが，通常は類似業種比準価額の方が純資産価額よりも低く，また，自社株評価の引下げも比較的容易である。

　会社規模の判定は「従業員数」「総資産価額（帳簿価額によって計算した金額）」「直前期末以前1年間における取引金額」によって行い，会社規模によって【図表1】のように評価することとされるため，合併によりこれらの数値が

【図表1：会社規模別の評価方法（評基通179）】

会社規模	評　価　方　法
大　会　社	類似業種比準価額 又は 純資産価額
中　会　社	類似業種比準価額×L＋純資産価額×(1－L) 又は 純資産価額×L＋純資産価額×(1－L) 　※　Lは判定要素の数値に応じて0.9，0.75，0.6のいずれかとなる
小　会　社	純資産価額 又は 類似業種比準価額×0.5＋純資産価額×(1－0.5)

増加すれば，会社規模の区分を拡大できる（＝類似業種比準価額の反映割合が増加する）可能性がある。

　また，親会社が小会社又は中会社であり，子会社が大会社である場合などは，子会社を吸収合併することにより，合併後の親会社を類似業種比準価額のみで評価できるため，親会社が不動産等の含み益の多い資産を保有している場合は，自社株の評価に含み益を反映しないで済む。よって，合併前に比べて親会社の株式の評価が引き下がる。

(2) **合併直後における類似業種比準価額の適用可否**

　合併など組織再編の直後に課税時期がある場合には，類似業種比準方式の適用が認められないとする考え方がある。

　これは，通達等で明記されているわけではないが，合併直後の合併法人の類似業種比準価額の適用に際し，比準要素の数値が適正に求められないため，類似業種比準方式の適用が制限される旨を国税庁課税部の見解として税務雑誌や書籍等で示され，実務においてもこれを指針として評価を行っている。

　具体的には，類似業種比準方式の適用では【図表２】のとおり「１株当たりの配当金額」，「１株当たりの利益金額」，「１株当たりの純資産価額」の３要素を用いて，評価会社と類似する上場会社の同要素とを比準させて評価をするが，これらのいずれにおいても比準割合の計算の際に用いるのは，課税時期の直前期及び直前々期の数値である。そのため，合併と同一事業年度や翌事業年度に課税時期がある場合には，これら比準要素の数値は合併の影響を反映した適正なものではなく，合理的な比準要素の数値を求めることができないため，原則として類似業種比準方式の適用はできないとするものである。

　しかし，合併があった場合でも，合併前後で会社実態に変化がない場合には，合併の本質は２以上の会社が契約によって１つの会社となることであることから，比準要素の数値の算定をするに当たっても，一定の条件下で，合併法人と被合併法人との利益や配当の要素を合算して比準要素を算定すること（「合算方式」と呼ばれている）により，合併の影響を反映させた合理的な数値を求め

【図表２：類似業種比準価額の算式（評基通180）】

$$類似業種の株価 \times \frac{\dfrac{評価会社の配当金額}{類似業種の配当金額} + \dfrac{評価会社の利益金額}{類似業種の利益金額} + \dfrac{評価会社の純資産価額}{類似業種の純資産価額}}{3} \times 0.7^{※1}$$

※１　中会社の場合は0.6，小会社の場合は0.5となる。
※２　評価会社の配当金額・利益金額・純資産価額は，いずれも１株当たりの資本金等の額を50円とした場合の１株当たりの金額として計算する。

ることができると考えられ，合算方式による類似業種比準方式の適用が可能とされている。

　合算方式を可能とする条件としては，合併の前後で会社実態に変化がないことであり，専ら事実認定の問題ではあるが，例えば，次の①～④を満たす場合は，これに該当するとされる見解が示されている。

①　合併比率を対等（１：１）とし，合併が適格合併である場合
②　合併の前後で会社規模や主たる業種に変化がない
　（注）　例えば，合併により主たる業種が変わってしまう場合には，類似業種株価通達における適用すべき業種目が変わってしまい，問題がある。
③　合併当事会社双方の利益，配当が黒字であり，純資産が欠損でない
④　合併前後の１株当たりの配当，利益，純資産価額に大きな変動がない
　（注）　例えば，合併により利益が倍増したような場合には，合併後の会社の実態を的確に表しているとはいえないことになる。

　なお，会社分割の場合でも，会社分割と合併とは実質的には同じ効果を生じさせる場合があるため，合併の場合に準じて検討し，会社分割の前後で会社実態に変化がないと認められる場合には類似業種比準方式の適用が可能と考えられる。

　具体的には，会社分割は「１つの会社を２以上の会社に分け，事業の一部又は全部をその会社に承継させることが分割の本質」であることから，分割会社の分割前の配当金や利益金額を基にして，分割後の会社の合理的な比準要素の数値を算定することが考えられる。

この場合，会社分割は合併と異なり，分割会社は分割後も存続し，分割により当然に解散や消滅はしないため，分割後の株式評価の際には分割会社と分割承継会社の両者についてそれぞれ検討を行うことに留意が必要である。

事例1　合併直後における類似業種比準価額の適用可否

＜概　要＞

① 甲社（不動産賃貸業，3月決算）は100％子会社である乙社（食料品卸売業，3月決算）をH27.4.1を合併期日として吸収合併した。
② 会社規模は甲社は中会社，乙社は大会社であり，合併後の甲社は大会社となる。
③ 甲社は合併により事業実態に変化があるものと考えられる。

＜考え方＞

・課税時期がH27.4.1～H28.3.31（合併事業年度）の場合
　　配 当 金 額：直前期及び直前々期の配当金額は合併前のものであり，比準できない。
　　利 益 金 額：直前期及び直前々期の利益金額は合併前のものであり，比準できない。
　　純資産価額：直前期の純資産価額は合併前のものであり，比準できない。
　　∴　類似業種比準価額を適切に算定できないため適用不可。

・課税時期がH28.4.1～H29.3.31（合併の翌事業年度）の場合
　　配 当 金 額：直前期の配当金額は合併後であるが，直前々期の配当金額は合併前であり，2期平均で算定すべき配当金額は比準できない。

利 益 金 額：直前期の利益金額は合併後であるため，直前期の利益金
　　　　　　　　額を利用する場合は利益金額を比準できる（直前々期の
　　　　　　　　利益金額は合併前であるため，2期平均は利用できない）。
　　純資産価額：直前期の純資産価額は合併後のものであり，比準できる。
　　∴　利益金額と純資産価額が比準できるため，医療法人の出資の評価
　　　　に準じて算式の分母を2として類似業種比準価額の適用が可能と考
　　　　えられる。
・課税時期がH29．4．1～H30．3．31（合併の翌々事業年度）の場合
　　配 当 金 額：直前期及び直前々期の配当金額とも合併後のものであり，
　　　　　　　　比準できる。
　　利 益 金 額：直前期及び直前々期の利益金額は合併後のものであり，
　　　　　　　　比準できる。
　　純資産価額：直前期の純資産価額は合併後のものであり，比準できる。
　　∴　類似業種比準価額を適切に算定できるため適用可能。

2　分割型分割と分社型分割

　複数の後継者がいる場合は，分割型分割により兄弟会社として，別々の後継者に継がせることも可能である。また，収益力があるために類似業種比準価額が高くなっている場合は，高収益部門を分社型分割により子会社化することで，親会社の類似業種比準価額の引下げが可能である。

(1) 分割型分割

　分割型分割とは，【図表3】のように分割対価（通常は分割承継法人の株式）の全てが分割法人の株主に交付される場合の分割又は100％子会社から親会社への分割で分割対価が交付されない場合の分割などをいう（法法2十二の九）。
　一般的には，兄弟会社を新設したり，既存の兄弟会社に事業の一部を移転す

る場合に行われるものである。

　例えば、創業者に複数の子がおり、これらの者が創業者の後を継いだ場合において、その後も代々円満で協力関係にあればよいが、代が替わるごとに結束力が弱まり、親族内の社長と専務が対立したりと、親族内で株式が分散していくことにより、経営に支障を来すことも多い。

　このような場合は、例えば営業地域によって会社を分割し、後継者1人ずつにそれぞれの会社の株式を承継させれば、将来の株式の分散や内部紛争を防止できる。

　または、本業以外に賃貸不動産を保有するような場合は、本業を行う事業会社と、不動産賃貸を行う会社に分割し、それぞれの会社を別々の後継者に承継させることも考えられる。

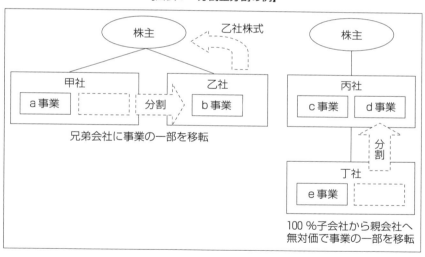

【図表3：分割型分割の例】

(2) 分割型分割と自社株の評価引下げ

　自社株の評価引下げという観点からは、株式保有特定会社など特定の評価会社に該当する会社について、分割型分割により、一部でも一般の評価会社とし

て類似業種比準価額を利用できるようにすることが考えられる。

　株式保有特定会社に該当する会社を一般の評価会社とするためには，総資産に占める株式の価額の割合を50％未満にする必要がある。株式の割合を下げるためには，保有する株式の評価額を減額する又は処分するか，総資産の評価額を増額するかのいずれかである。そのままでは資産規模が大きすぎるため，50％未満にすることが困難な場合でも，分割型分割により一方を株式の保有を中心とする会社とし，もう一方の会社は株式の保有を抑えることで，当該もう一方の会社だけでも一般の評価会社として類似業種比準価額を利用できるようにして評価引下げをすることができる。

　その他，合併と同様，100％子会社から事業の一部を親会社へ移転させることにより，親会社の会社規模を拡大したり，親会社の総資産に占める株式の割合を引き下げることも考えられる。

(3) 分社型分割

　分社型分割とは，【図表４】のように分割対価が分割法人に交付される場合

【図表４：分社型分割の例】

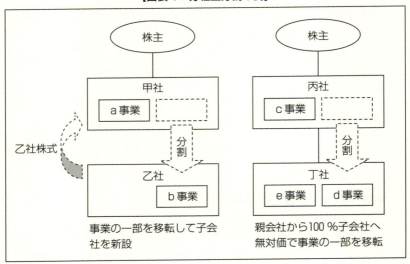

の分割又は親会社から100％子会社への分割で分割対価が交付されない場合の分割などをいう（法法2十二の十）。

新たに法人を設立する新設分社型分割であれば，新設される分割承継法人は分割法人の100％子会社となる。

例えば，創業家には事業会社を経営できる後継者がいない場合において，創業家で会社を承継していきたいのであれば，分社型分割により事業部門を子会社化して事業会社は親族外の経営者に任せることとする。創業家は持株会社である親会社の役員に就任し，事業会社である子会社からの不動産賃貸収入や配当金収入で生計を立てることが考えられる。

(4) 分社型分割と自社株の評価引下げ

分社型分割を行う場合は，高収益部門を子会社化することにより，主に類似業種比準価額の計算要素である利益金額が減少することで親会社株式の評価を引き下げることができる。この際，親会社が株式保有特定会社に該当すると，類似業種比準価額が利用できなくなるため，子会社の株式の評価が高くなりすぎないように留意が必要である。

親会社の株式以外の資産を増やすためには，不動産等は全て親会社が保有することとしたり，子会社から余剰資金の配当を受けたりということが考えられる（子会社は配当により純資産が減少するため，子会社株式の評価も引き下がる）。

ただし，子会社から経常的に高額配当をしていると，子会社の類似業種比準価額が上昇してしまうので，記念配当や臨時配当，現物分配など比準要素である配当金額に影響が生じない工夫が必要である。

3　株式交換

　　会社規模が大会社である会社を親会社とする株式交換により，子会社となる会社の株式の評価額のほとんどが親会社となる会社の株式の評価額に吸収される。

(1)　株式交換

　株式交換とは，会社がその発行済株式の全部を他の会社に取得させることをいう（会法2三十一）。

　グループ会社が2社以上ある場合において，個人でいずれの会社の株式も所有する場合は，当然，それぞれの会社の株式の評価額が相続財産として計上される。株式交換により一方を親会社，もう一方を子会社とすることにより，子会社となる会社の株式の評価は親会社の株式の評価に反映することとなる。

　この際，親会社となる会社の株式の評価が純資産価額であれば，子会社となる会社の株式の相続税評価額がそのまま計上されるため，基本的には株式交換により自社株の評価引下げはできない。

　しかし，親会社となる会社の株式の評価が類似業種比準価額であれば，株式交換により増加するのは比準要素の1つである純資産価額（帳簿価額による金額）のみである。

　株式交換の場合は，株式交換前の子法人の株主が50人未満のときは，各株主の取得価額の合計額を親法人における子会社株式の帳簿価額とすることとされているため，純資産価額（帳簿価額による金額）の増加には含み益が反映しない（資本金1,000万円の会社で当初払込により株式を取得していた場合は，増加額も1,000万円となる）。

　よって，親会社の株式の評価額の上昇はほぼなく，子会社となる会社の株式の価値が親会社となる会社の株式の価値に吸収されることとなる。

(2)　現物出資等受入れ差額（評基通186-2）

　前述のとおり，株式交換前の子法人の株主が50人未満のときは，各株主の

取得価額の合計額を親法人における子会社株式の帳簿価額とすることとされているため，親会社株式の純資産価額を計算する際，子会社株式の相続税評価額と帳簿価額の差額について37％控除を適用すると，株式交換をするだけで37％控除により自社株の評価引下げができてしまう。

この問題については，財産評価基本通達に規定があり，株式交換により著しく低い価額で受け入れた株式については，株式交換時の相続税評価額と帳簿価額の差額について，現物出資等受入れ差額として37％控除の適用を受けられないものとされている（その後の相続税評価額の増加については，37％控除の適用がある）。

事例2　株式交換による自社株評価への影響

＜概　要＞

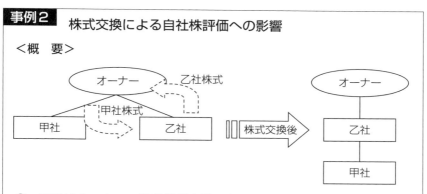

① 甲社はオーナーの資産管理会社であり，乙社は事業会社（小売業）である。
② 甲社，乙社ともオーナーが1,000万円（@50円で20万株）で設立した会社である。
③ 会社規模は，甲社は小会社であり，乙社は大会社である。
④ 甲社の相続税評価額は2億円（@1,000円×20万株）である。
⑤ 乙社の相続税評価額について，類似業種比準価額の要素は次のとおりである。
　　配当金額0円，利益金額500円，純資産価額4,000円
⑥ 乙社の類似業種比準価額計算上の業種目及び業種目別株価等は，次の

とおりである。

業　種　目	株価（前年平均）	配当金額	利益金額	純資産価額
小　売　業	369円	4.0円	28円	226円

⑦　乙社の類似業種比準価額は次のとおりであり，相続税評価額は約6.1億円（3,058円×20万株）である。

$$369円 \times \frac{\frac{0円}{4.0円} + \frac{500円}{28円} + \frac{4,000円}{226円}}{3} \times 0.7 = @3,058円$$

⑧　株式交換により，甲社を乙社の100％子会社にする。本来は株式交換の対価として乙社株式を発行する必要があるが，便宜上発行がないものとする（株価への影響は軽微）。

<考え方>

・　乙社は株式交換後も一般の評価会社だとすると，類似業種比準価額のみで評価できる。

・　株式交換による乙社株式の類似業種比準価額算定上の影響は，「資本金等の額が1,000万円増加するため純資産価額（帳簿価額による金額）も増加する」という点のみである。

・　株式交換後の乙社の類似業種比準価額は次のとおり（一部簡略化）であり，相続税評価額は約6.2億円（3,078円×20万株）である。

$$369円 \times \frac{\frac{0円}{4.0円} + \frac{500円}{28円} + \frac{4,000円+50円※}{226円}}{3} \times 0.7 = 3,078円$$

　　※　株式交換による1株当たりの純資産価額の増加額
　　　　増加資本金等の額1,000万円÷発行済株式20万株＝50円

・　株式交換前のオーナーの相続財産は，甲社株式2億円，乙社株式約6.1億円であるが，株式交換後は，乙社株式約6.2億円のみとなる。

4　株式移転

株式移転により容易に持株会社を設立でき，開業後3年未満の会社に該当するため純資産評価（＝子会社株式の評価）となるが，株式移転後の子会社株式の価値上昇については，親会社で37％控除が利用できるため株価の上昇を抑えられる。

(1)　株式移転

株式移転とは，一又は二以上の会社がその発行済株式の全部を新たに設立する会社に取得させることをいう（会法2三十二）。

持株会社を設立する際に利用され，株式移転時は子会社株式のみを有する親会社が新設される。

株式移転により設立された会社は，開業後3年未満の会社に該当するため，当初3年間は純資産価額のみの評価となる。3年経過後でも，資産のほぼ全てが子会社株式であるため，株式保有特定会社に該当し，原則として純資産価額評価となってしまう。

子会社が大会社（類似業種比準価額による評価）であれば，子会社株式の評価額がそのまま親会社の評価額となるため，株式移転時は自社株の評価は株式移転前と変わらないが，その後子会社が利益を計上して株価が上昇した場合でも，親会社の株式を評価する際，純資産価額で37％控除が利用できるため，個人で事業会社の株式を直接保有するよりは，自社株の評価の上昇を抑えることができる。

仮に子会社が中会社又は小会社の場合は，子会社株式の評価に純資産価額も反映することとなり，子会社株式の純資産価額の算定上，37％控除ができないこととされているため，結果的にその分だけ親会社の株価が上昇してしまう（評基通186－2）。

(2)　現物出資等受入れ差額（評基通186－2）

株式移転の場合も，株式交換と同様，株式移転前の株主が50人未満のときは，

各株主の取得価額の合計額を親法人における子会社株式の帳簿価額とすることとされているため，株式交換の場合と同様，株式移転時の相続税評価額と帳簿価額の差額については，現物出資等受入れ差額として37％控除の適用を受けられないものとされている（その後の相続税評価額の増加については，37％控除の適用がある）。

　組織再編について，活用方法と自社株評価への影響について触れてきたが，実行に際しては，法務（会社法），会計（会計基準），税務（法人税法や所得税法）の多岐にわたる知識がないと思わぬ失敗をする可能性がある。そのことから，実務で取り扱うことを避けている先生方も多いのではないだろうか。
　これまでみてきたように，組織再編により自社株の評価を大幅に引き下げることができる場合もあるし，円滑な承継のために組織再編を活用することも可能である。
　組織再編が有効と思われる場合は，自分だけで判断したり実行することが不安であれば，経験豊富な専門家の協力を得るなどして，積極的に提案をしてみてはいかがだろうか。費用はかかるであろうが，それ以上の効果を得られるものと思われる。

3 グループ法人税制

1 グループ法人税制の概要

> グループ法人税制は，完全支配関係のある法人間において適用される。個人による支配の場合は，親族等の特殊関係者も含めて完全支配関係の判定をする。

　平成22年度税制改正で創設されたグループ法人税制により，グループ法人間において法人税等の負担なしで資産を比較的自由に組み替えられることとなった。これによって，自社株評価においては，会社規模の判定や類似業種比準価額，純資産価額等にも影響が生じることとなる。

　ここでは，グループ法人税制の概要と，自社株評価への影響について確認する。

(1) グループ法人税制

　グループ内法人間の資産の移転が行われた場合であっても実質的には資産に対する支配は継続しているため，資産の移転が行われた時点では課税関係を発生させないことが実態に合った課税上の取扱いと考えられることから，平成22年度税制改正において完全支配関係がある内国法人間の取引一般について次の措置が講じられた。

① グループ法人間の資産の譲渡取引等

　完全支配関係がある内国法人間で一定の資産（固定資産，有価証券等で帳簿価額が1,000万円以上のもの等）の移転を行ったことにより生ずる譲渡損益を，その資産がグループ外への移転等の時に，その移転を行った法人において計上することとされた。

② グループ法人間の寄附金・受贈益

　法人による完全支配関係がある内国法人間の寄附について，支出法人におい

て全額損金不算入とされるとともに、受領法人において全額益金不算入とされた。

③ グループ法人間の現物分配

内国法人が行う現物分配のうち、被現物分配法人がその内国法人との間に完全支配関係がある内国法人のみであるものを適格現物分配とし、適格現物分配による資産の移転は帳簿価額による譲渡をしたものとすることとされた。

④ グループ法人間の受取配当等の益金不算入計算における負債利子非控除

完全支配関係がある内国法人からの受取配当等について益金不算入制度を適用する場合には、負債利子控除を適用しないこととされた。

⑤ グループ法人間の株式の発行法人への譲渡に係る損益の非計上

完全支配関係がある内国法人の株式を発行法人に対して譲渡する場合には、その譲渡損益を計上しないこととされた。

⑥ 大法人の100％子法人等に対する中小企業特例の不適用

大法人（資本金の額が5億円以上の法人等）の100％子法人等に対する中小企業特例（軽減税率等）が適用されないこととされた。

⑦ 清算所得課税の廃止等

解散の前後で課税関係が整合的になるよう、清算所得課税が廃止され通常の所得課税方式に移行するとともに、残余財産がないと見込まれる場合には期限切れ欠損金の損金算入が認められることとされた。

(2) 完全支配関係

完全支配関係とは、次の2つの関係をいう（【図表1】参照）。

① 当事者間の完全支配関係

一の者が法人の発行済株式等の100％を直接又は間接に保有する関係をいう。

② 法人相互の完全支配関係

一の者との間に上記①の関係（当事者間の完全支配関係）がある法人間の相互の関係をいう。

(注１) 発行済株式等
　　　発行済株式等とは，発行済株式又は出資（自己が有する自己の株式を除く）をいい，発行済株式の総数のうちに次に掲げる株式の数を合計した数の占める割合が５％に満たない場合のその株式が除かれる。
　　① 従業員持株会の所有株式（民法組合契約に限る）
　　② 役員又は使用人のストックオプション行使による所有株式
(注２) 「一の者」が個人である場合
　　　「一の者」が個人である場合には，その者及びこれと法人税法施行令４条１項に規定する特殊の関係のある個人が含まれ，同条１項に規定する特殊の関係のある個人とは，次の者をいう。
　　① 株主等の親族（６親等内の血族・配偶者・３親等内の姻族）
　　② 株主等と婚姻の届出をしていないが事実上婚姻関係と同様の事情にある者
　　③ 株主等の使用人
　　④ ①から③までに掲げる者以外の者で株主等から受ける金銭その他の資産によって生計を維持しているもの
　　⑤ ②から④までに掲げる者と生計を一にするこれらの者の親族

【図表１：完全支配関係】

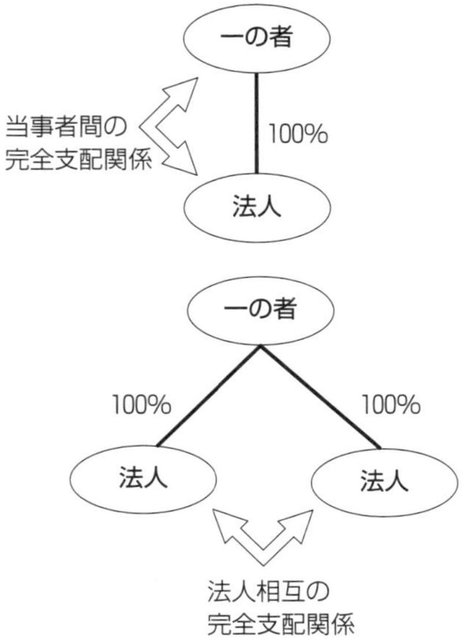

2　グループ法人税制の株価への影響

> グループ法人税制により法人税で特例的な取扱をする場合でも，自社株評価については，基本的な考え通りに評価することとなる。

(1)　類似業種比準価額への影響

①　1株当たりの利益金額（C）－譲渡損益調整資産の譲渡等があった場合

　類似業種比準方式における「1株当たりの利益金額（C）」の計算上，評価会社において，その評価会社との間に完全支配関係がある法人に対して，譲渡損益調整資産を譲渡していた場合に，法人税法上繰り延べられた譲渡益は法人税の課税所得金額に加算する必要はない。

　また，その後，完全支配関係がある法人において，その譲渡損益調整資産を減価償却した場合や，その譲渡損益調整資産を他に再譲渡した場合に，法人税法上，評価会社の法人税の課税所得金額に計上される譲渡損益調整勘定の戻入益は，「1株当たりの利益金額（C）」の計算上，非経常的な利益として法人税の課税所得金額から控除する。

②　1株当たりの純資産価額（D）－寄附修正により利益積立金額が変動する場合の調整

　評価会社である完全支配関係にある親法人から内国法人である子法人に対して寄附があった場合，親法人の利益積立金額は，税務調整により寄附金に相当する金額だけ増加することとなるが，類似業種比準方式における「1株当たりの純資産価額（D）」の計算上，利益積立金が増加した分を減算するなどの調整を行う必要はない。

③　1株当たりの配当金額（B）－自己株式の取得によるみなし配当の金額がある場合

　自己株式を取得することにより，その株式を譲渡した法人にみなし配当の金額が生じた場合，類似業種比準方式により株式取得法人（株式発行法人）の株式を評価するに当たり，「1株当たりの配当金額（B）」の計算上，そのみなし

配当の金額を剰余金の配当金額に含める必要はない。

④　1株当たりの利益金額（C）－みなし配当の金額がある場合

　評価会社が所有する株式をその株式の株式発行法人に譲渡することにより，みなし配当の金額が生じた場合，類似業種比準方式により株式譲渡法人の株式を評価するに当たり，「1株当たりの利益金額（C）」の計算上，そのみなし配当の金額を「益金に算入されなかった剰余金の配当等」の金額に含める必要はない。

⑤　1株当たりの配当金額（B）－現物分配により資産の移転をした場合

　現物分配により評価会社が資産の移転をした場合，類似業種比準方式における「1株当たりの配当金額（B）」の計算上，その移転した資産の価額を剰余金の配当金額に含めるかどうかは，その現物分配の起因となった剰余金の配当が将来毎期継続することが予想できるかどうかにより判断する。

　なお，その配当が将来毎期継続することが予想できる場合には，その現物分配により移転した資産の価額として株主資本等変動計算書に記載された金額を剰余金の配当金額に含めて計算する。

⑥　1株当たりの利益金額（C）－適格現物分配により資産の移転を受けた場合

　適格現物分配により資産の移転を受けたことにより生ずる収益の額は，原則として，類似業種比準方式における「1株当たりの利益金額（C）」の計算上，「益金に算入されなかった剰余金の配当等」の金額に加算する必要はない。

(2)　**会社規模区分の判定への影響**

　会社規模区分の判定は，総資産価額，従業員数及び取引金額によって決まるが，グループ法人税制の導入により，含み益のある資産の移転が容易となった。例えば，グループ内の資産を持株会社に集約することで，持株会社の総資産価額を増加させることなどが考えられる。

(3)　**特定の評価会社への影響**

　株式保有特定会社や土地保有特定会社は，それぞれ株式と土地の当該法人の

保有割合で判定されているが，グループ法人税制の導入により，評価対象会社の資産内容を変化させることがより容易となった。

ただし，財産評価基本通達189のなお書きには，「評価会社が，……課税時期前において合理的な理由もなく評価会社の資産構成に変動があり，その変動が……（株式保有特定会社又は土地保有特定会社）……に該当する評価会社と判定されることを免れるためのものと認められるときは，その変動はなかったものとして当該判定を行うものとする。」とあるため，留意が必要である。

(4) 純資産価額への影響

純資産価額方式の場合，評価差額に対する法人税額等に相当する金額を控除することとされているが，例えば含み益のある土地と含み損のある土地の両方を保有していると，相殺後の含み益に対して評価差額を認識する。含み損のある土地をグループ法人に譲渡した場合は，譲渡損は損金算入できないが，譲渡法人において含み益のある土地のみとなれば，評価差額が増加して結果的に純資産価額が減少することが考えられる（譲渡損益の繰り延べは，グループ法人間での売買について適用があるため，オーナー等の個人への譲渡であれば，原則として含み損も実現することとなる）。

自社株の承継対策について，資産税中心で検討をすると，法人税についておろそかになってしまいがちである。しかし，自社株の承継対策を含む「いわゆる事業承継対策」では，相続税や所得税のみでなく，他の税法や，民法・会社法・信託法など，多岐にわたる知識が必要となる。

特に税制は毎年のように改正が行われており，改正に対応するための手法も検討されている。筆者としても今後も研鑽を積み，少しでも円滑な事業承継に貢献していきたい。

第 **6** 章

自社株の承継先の選定

1 持株会を活用する

　従来から，従業員の福利厚生の充実のためや，経営参画意識を高めるために，従業員持株会が活用されている。

　従業員持株会が株式を所有することで，当然にオーナー家の持株比率が下がり，オーナーから承継する株式の相続評価も下がることで，事業承継対策にもなるものである。

　近年では，種類株式（無議決権株式）を活用することで，議決権はオーナー家が100％保有することも多くなっている。

　ここでは，従業員持株会を中心に，持株会の特徴及び活用方法について検討する。

1　持株会の種類

> 持株会にはいくつかの種類があるが，一般的に利用されているのは従業員持株会である。

　持株会には，【図表1】のとおり組織の目的により従業員持株会，拡大従業員持株会，役員持株会及び取引先持株会の4種類がある。

　上場会社の多くで「従業員持株会」が利用されており，実施会社及び実施会社の子会社等の従業員による取得対象株式の取得，保有の促進により，従業員の福利厚生の増進及び経営への参加意識の向上を図ることをなど目的としている。また，会社の経営陣としては，安定株主を増やしたいという側面も多いようである。

　一方，非上場会社でも上場会社と同様，従業員の福利厚生や経営参画などを目的とするが，【図表2】にもあるとおり，いわゆる相続対策としての利用という側面が強い。

従業員が株式を所有することでオーナー家の持株比率が下がり，相続財産としての評価が下がることで，後継者への承継コストを抑えることができる。
　業歴の長い会社では，従業員に直接株式を保有させていることも多いが，このような会社では，従業員の退職や従業員に相続が発生した際に，時価での買戻しを請求されたり，買戻しに応じてくれないなどの問題が生じることがある。

【図表1：持株会の種類】

種　類	内　　容
従業員持株会	会社の従業員（当該会社の子会社等の従業員を含む）が，当該会社の株式の取得を目的として運営する組織をいう。
拡大従業員持株会	非上場会社の従業員が，当該非上場会社と密接な関係を有する上場会社の株式の取得を目的として運営する組織で，従業員持株会以外のものをいう。
役員持株会	会社の役員（当該会社の子会社等の役員を含む）が，当該会社の株式の取得を目的として運営する組織をいう。
取引先持株会	会社の取引関係者（当該会社の指定する当該会社と取引関係にある者をいう）が当該会社の株式の取得を目的として運営する組織をいう。

【図表2：非上場会社の従業員持株会の特徴】

従業員の福利厚生目的	財産形成の一助
	経営参画意識向上
会社の資本政策目的	会社に友好的な長期安定株主へ
	株主である従業員の退職等による株式の分散防止
	分散した株式を比較的安値で買い戻す受け皿
オーナーの相続対策	オーナーの保有株式の譲渡による相続財産の圧縮
	増資による新株の持株会への割当てによる相続財産の圧縮

2 持株会の形態

持株会は、「民法上の組合」として設立されることが一般的である。
「民法上の組合」と「人格なき社団」で、課税関係が変わってくる。

(1) 従業員持株会制度

　従業員持株会は、民法667条に基づく組合（民法組合）として設立されることが一般的である。

　【図表３】に従業員持株会の仕組みの概略があるが、従業員持株会では、従業員は株式を直接保有するのではなく、民法組合の共有持分を保有することとなる。その際、株主名簿の名義人は、各会員ではなく理事長名義となる。

　会社からの配当金は、一旦従業員持株会で受領し、各会員は従業員持株会から出資持分の割合に応じた配当金を受け取ることとなる。

【図表３：従業員持株会の仕組み】

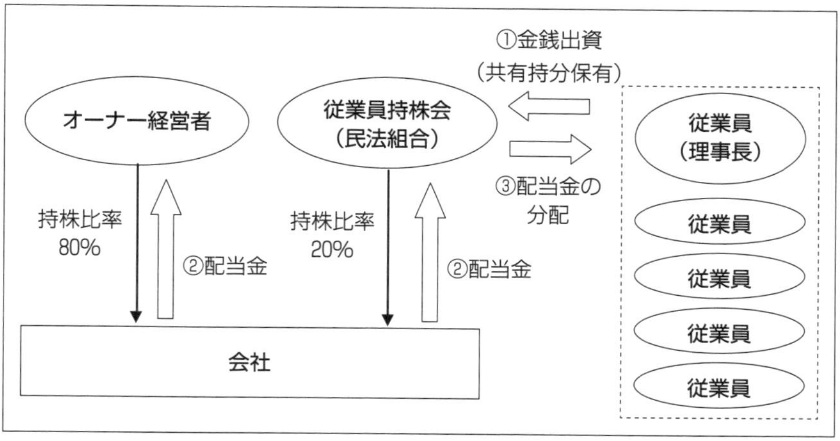

民法667条（組合契約）
　組合契約は、各当事者が出資をして共同の事業を営むことを約することによって、その効力を生ずる。
2　出資は、労務をその目的とすることができる。

(2) 持株会の組織形態

持株会は通常，民法上の組合として設立されるが，人格なき社団として設立することも可能である。民法上の組合と人格なき社団との比較は【図表4】のとおりである。

民法上の組合であれば，受取配当金に対して持株会では課税されずに，会員の配当所得として所得税が課税されるため，各会員が直接株式を保有している場合と同様の課税関係となる。

一方，人格なき社団である場合は，持株会自体が課税の対象となり，各会員が受ける配当金は雑所得となる。

【図表4：組織形態の比較】

組織形態	民法上の組合	権利能力なき社団 （人格なき社団）
根拠法令	民法667条	
課税方法	構成員課税 （持株会への課税なし）	収益事業課税 （持株会への課税あり）
配当金を受けた会員の所得区分	配当所得 （配当控除可能）	雑所得 （配当控除不可）

(3) 議決権の行使

従業員持株会では，株主総会における議決権は，原則として理事長が行使することとなる。

ただし，会員が希望する場合には，持株割合に相当する株式の議決権を個別に行使することが可能である（議決権の不統一行使）。

同族経営のオーナー家に議決権を集約したい場合は，種類株式（無議決権株式）を発行して，従業員持株会には議決権を付与しないことも可能である。

3　相続対策としての持株会

　従業員持株会は，大きな資金負担も必要なく，比較的容易，かつ，即効性のある相続対策といえる。従業員に直接株式を保有させることに比べ，株式の分散を防止できることが大きなメリットである。

(1) 相続対策としての持株会

　オーナー経営者においては，保有財産に占める自社株の割合が高く，換金も困難なことが多いが，従業員持株会の活用は以下の点からもオーナー経営者の相続対策に有効である。いわゆる相続対策には，オーナーや会社に比較的大きな資金負担を必要とするものが多いが，従業員持株会の場合は，オーナーや会社の資金負担を必要としないことが特徴である。

　また，退職した場合は会員資格を喪失することとし，退会時には金銭で精算することとすれば，株式を保有したまま退職することがなくなるので，株式の分散防止効果がある。

① オーナーの経営権を確保しつつ，相続財産を圧縮できる
② オーナーや会社にキャッシュアウトが生じない（従業員からの資金拠出により，オーナーの相続財産圧縮効果を得られる）
③ 短期間で実行でき，相続財産の圧縮効果も大きい
④ 持株会を株式の受け皿とすることで株式の分散防止にも役立つ（持株会退会時には，出資金を精算し，株式を持ち出せないよう規約に定める）
⑤ きちんと運営すれば税務上否認されるリスクは低い

(2) 持株会設立によるデメリット

　これまでは従業員持株会を活用することのメリットばかり述べてきたが，逆にデメリットとしては次のようなものが考えられる。

① **オーナー及び会社側のデメリット**
　イ　決算情報の開示義務が生じる（株主総会招集・事業報告書の開示）

ロ　業績悪化時でも可能な限り配当を継続する必要がある
　　ハ　管理運営コストが発生する（外部委託コスト，事務局の人件費）
　　ニ　株主権を行使されるリスクが生じる
　　ホ　配当還元価額等の低額で譲渡するため，オーナーの財産価値が減少する
② 　従業員側のデメリット
　　イ　退職時以外は株式の現金化が困難である
　　ロ　業績悪化時には配当が行われない可能性がある
　　ハ　通常は株価が固定されるため，キャピタルゲインは得られない
　　ニ　会社が倒産した場合は無価値となり，投資額は返金されない

　オーナー及び会社側にとってのデメリットは，決算情報の開示義務や，株主権の行使リスクだろう。従業員に対して会社の決算情報を開示していない中小企業は多いが，従業員持株会の会員は株主であるため，決算書の開示義務が生じる。また，株主権も認められることとなり，例えば株式数又は議決権数が3％以上の場合は，帳簿閲覧請求権が発生するため，あまり多くの株式を持たせることは避けるべきである。

　一方，従業員側では，一般的に，持株会への年間配当は持株会への出資額の10％程度であることが多いため，投資利回りとしては非常に高く，10年程度で投資額を回収できてしまう。会社が倒産しない限りは，従業員にとってのデメリットは少ない。

4　従業員持株会の事務手続

　従業員持株会の設立後の事務手続は，非上場会社の場合はあまり多くないため，証券会社等に委託せずに会社で行うことも可能である。

(1)　従業員持株会の設立手続

　従業員持株会設立の一般的な流れは，【図表5】のとおりである。
　まず，準備段階として持株会の設立事務を担当する者や，持株会の役員候補

者を人選し，持株会の基本的な設計を決定して持株会規約案を作成する。また，設立について会社の取締役会の承認を受け，従業員へも趣旨説明をして関係者の理解を得ておく必要がある。

次に，持株会を設立するための設立発起人会を開催し，持株会規約の承認及び役員を選任する。

その後理事会を開催し，理事長の選任及び株式の購入価額を決定し，持株会規約等の調印をする。

最後に持株会名義の銀行口座を開設し，従業員の募集を開始する。

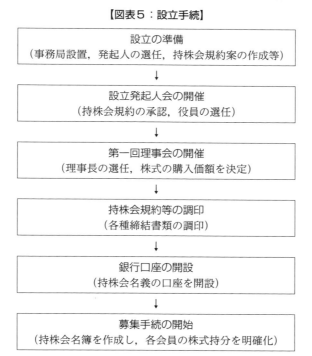

【図表5：設立手続】

(2) 入会から退会までの手続

持株会設立後，入会から退会までの一連の事務手続は，【図表6】のようになる。

会員については，会員台帳で管理を行い，入会時の事務，毎月の事務，決算関係の事務及び臨時の事務が生じる。

　上場会社の持株会では，給与天引きで毎月積立てをし，定期的に株式を購入していくことが多く，さらには会社から奨励金を支給したりと，事務手続は煩雑となる。

　一方，非上場会社の持株会では，株式の放出が定期的に行われないため，放出がある度に臨時的に拠出を受け，株式を購入する。また，奨励金を支給しないことも多い。

　持株会の事務は証券会社に委託することも考えられるが，非上場会社では通常，毎月の事務は必要なく，自社で行うことも多い。

【図表６：事務手続】

入会時の事務	入会申込書等により入会受付し会員台帳作成
	臨時拠出・給与天引きと奨励金の開始手続 ※　積立や奨励金がない場合は不要
毎月の事務	給与天引積立金と奨励金を個人別に残高管理 ※　積立や奨励金がない場合は不要
	供給株式の配分（拠出額に応じて計算） ※　積立や奨励金がない場合は不要
	株券の管理 ※　株券不発行の場合は不要
決算関係の事務	会社から配当金の受領 会員へ持分に応じた配当金の支払い
	「信託に関する計算書」を作成して，１月31日までに所轄税務署長に提出
	「持分通知書」を作成し，会員に通知
	理事会の開催
	会員総会の開催，決算報告の作成
臨時の事務	一部引出し申出書による持分の計算と通知 ※　一部引出しを不可とする場合は不要
	退会届出書による持分の計算と通知

5　従業員持株会の制度設計

　従業員持株会の制度設計に際しては，何株程度を保有させるか，入会資格をどの程度まで絞るかなど，留意すべき点がある。

(1)　制度設計の留意点

　従業員持株会は，制度目的に反しない限り，比較的自由な制度設計が可能である。

　主な留意点は次のとおりである。

① 　株式の供給源を誰にするか

　通常はオーナー等の大株主から供給することとなる。非上場会社の場合，通常は譲渡制限が入っているため，取締役会決議が必要となる。

　また，第三者割当による新株発行も考えられる。この場合は，株主総会の特別決議が必要となり，払込みにより資本金等が増加することが特徴として挙げられる。

　オーナーの相続対策という意味では，新株発行に比べ，オーナー所有株式から供給する方が，相続財産の圧縮効果は高い。一方，オーナーの議決権や持株割合を減らしたくない場合や，オーナー以外の既存株主の議決権や持株割合を減らしたい場合は，新株発行の方が有効である。

② 　入会対象者の条件

　従業員持株会であるため，その会社の従業員はもちろん，子会社の従業員や他社へ出向中の従業員も加入できる。この場合において，従業員全員に入会資格を与えてしまうと，例えば入会した新入社員が3ヵ月後には退職してしまったりと，事務手続が煩雑となることがある。

　また，対象者の人数によっては，後述の有価証券届出書の提出義務が生じることがあるため，規約に「勤続年数○年以上」などと制限することもある。

③ 　奨励金を支給するか

　従業員持株会は，福利厚生目的という側面が強いため，会社として従業員の

財産形成を応援するため，奨励金を支給することが可能である。

奨励金については，従業員への給与として，会社側は損金算入となり，従業員側は給与課税がされる。

上場会社では多くが奨励金を支給しており，拠出額の5％〜10％程度が一般的であるが，非上場会社では奨励金を支給しないことが多い。

なお，役員持株会の場合は，奨励金を支給することはできない。

(2) 議決権の確保

会社法上，株主には議決権数・株式数に応じて一定の権利が与えられている。従業員株主といえども，あまり多く持たせるべきではない。

また，オーナー経営者においても，保有株数が減少すれば相続財産は減少するものの，会社に対する支配力が弱まることになるため，少なくとも普通決議ができる「議決権の過半数」，できれば特別決議ができる「議決権の3分の2以上」は維持するべきである。

(3) 有価証券届出書の提出義務

持株会に対する有価証券の募集又は売出価額の総額が，1億円以上となる場合は，対象者が50人以上であると有価証券届出書の提出義務が生じてしまうため，留意が必要である。

会社が有価証券届出書を提出した場合，以後有価証券報告書の提出等の継続開示義務という負担が生じてしまうため，対象者を50人未満とするか，発行価額の総額が1億円未満となるようにする必要がある。

なお，次の条件を満たす従業員持株会である場合は，持株会自体を1人として考えることができる。

① 株主名簿は，理事長又は従業員持株会名義で記載されていること
② 議決権行使は，従業員持株会理事長がこれを行使すること
③ 配当金は，従業員持株会理事長が一括して受け取り，再投資することにより株式購入資金に充てること

【図表7：有価証券届出書の提出義務】

勧誘する人数	募集（売出）価額の総額		
	1千万円未満	1千万円以上1億円未満	1億円以上
50名以上	—	有価証券通知書	有価証券届出書
50名未満	—	—	—

(4) 株式の流通価格

従業員持株会における株式の流通価格（オーナー経営者からの放出，第三者割当増資を含む）は，配当還元価額程度とすることが一般的である。これは，相続税の原則評価などとすると，高額となって従業員が取得することが難しくなるためである。

(5) 集団投資スキーム

持株会が一定の要件に該当する場合は，投資家保護の観点から，金融商品取引法の規制が設けられており，これを集団投資スキームという。

集団投資スキームに該当すると，一定の登録や届出が必要となってしまい，非上場会社の従業員持株会としては現実的ではない。

ただし，次の全てを満たす持株会であれば，集団投資スキームから除かれ，登録や届け出が不要となる。

① 対象者を会社又はその会社の子会社等の役員又は従業員とすること（従業員のみも可）
② 株式の買付けを，一定の計画に従い，個別の投資判断に基づかず，継続的に行うことを約する契約であること
③ 各会員の1回当たりの拠出金額が100万円に満たないこと

問題となるのは上記②であり，非上場会社の場合は，通常，株式の供給は臨時的に行われ，定期的に株式の供給があることは考えづらく，臨時的に行われる場合は上記②を満たせないとなると，非上場会社では持株会を組織できなく

なってしまう。

あくまで私見であるが，仮に株式の供給が臨時的であったとしても，持株会規約に則り，株式の供給がある都度，継続的に持株会が取得しているのであれば，「一定の計画に従い，個別の投資判断に基づかず」（＝規約に定められたとおりに取得），「継続的に行うこと」（＝供給される都度取得），として上記②を満たすと考える余地もあるものと思われる。

6　オーナー経営者から従業員持株会への株式譲渡

> オーナー経営者から従業員持株会へ株式を放出することは容易だが，将来，オーナー家が買い戻す場合は，贈与税の課税に留意が必要である。

(1)　オーナー経営者から持株会会員への譲渡

オーナー経営者から持株会会員への譲渡については，通常，問題となることはない。

売主であるオーナー経営者は，譲渡益が生じれば譲渡所得税が課税されるが，低額で譲渡した場合でも，買主が個人なので，みなし譲渡課税（所法59）の適用はない。

一方，買主である持株会会員は，個人から著しく低い対価で株式を取得した場合，経済的利益に対して贈与税が課税されるが（相法7），いわゆる少数株主に該当するため，配当還元価額以上の価額で取得していれば贈与税の課税は生じない。

(2)　持株会会員からオーナー経営者が買い戻す場合

例えば，持株会会員が退職により減少し，株式の引受先に困るような場合は，オーナー経営者が買い戻すことがある。買い戻す場合には，留意が必要である。

売主である持株会会員では，譲渡益が生じれば譲渡所得税が課税されるが，低額で譲渡した場合でも，買主が個人なので，みなし譲渡課税（所法59）の

適用はない。また，持株会会員にとっての時価は，配当還元価額と考えられるため，そもそも低額譲渡に該当することはほとんどない。

一方，買主であるオーナー経営者では，個人から著しく低い対価で株式を取得した場合，経済的利益に対して贈与税が課税される。この場合における時価は相続税の原則評価（類似業種比準価額・純資産価額等）となるため，買主側で贈与税の課税対象となる可能性が高い。

事例 親族内で分散した株式の受け皿としての従業員持株会

＜概　要＞
① 甲社の株主は，オーナー経営者であるAとその同族関係者のみであるが，親族内で株式が分散している。
② Aに対して，株主であるBから株式の買取り要請があった。
③ Bは，甲社の経営に関わっておらず，Bに相続があった場合でも，配当還元価額で相続が可能であることから，配当還元価額程度での売却に応じるつもりである。
④ 甲社株式の相続評価は，原則評価（類似業種比準価額）で@5,000円，配当還元価額で@500円である。
⑤ Aは従業員持株会を設立し，B所有の株式を従業員持株会（Aの同族関係者はいない）で取得することとした。

＜考え方＞
・ AがBから@500円で株式を取得すると，Aが受けた経済的利益@4,500円※に対して贈与税が課税される。
　※ 原則評価@5,000円－負担額@500円＝@4,500円
・ 従業員持株会では，各会員の持分別に同族株主の判定をするため，配当還元価額での取得が可能。
　ただし，従業員持株会の会員であっても，Aの親族などで同族株主に該当する者がいる場合は，その者の持分に対応する経済的利益については贈与税が課税される。

従業員持株会は従来から利用されてきた相続対策の一つである。過去に従業員持株会を設立したものの，退職者に対して新規入会希望者が不足し，持株会の株式の行き場に困っているような会社もあるようだが，現在も有効な対策の一つであることは間違いない。

　従業員持株会は，外部の株主でなく従業員が株主となるため，協力的であることが多く，また，従業員に対する福利厚生の充実にもつながるため，オーナー経営者と従業員の双方にとってメリットがある。

　一方，安易に相続対策として設立したものの，持株会としての実態がない場合は，税務上否認される可能性もあるため，目的に沿った運営を心がけたい。

2 社団法人及び財団法人を活用する

　平成20年12月1日に施行された新公益法人制度により，これまでハードルが高かった社団法人又は財団法人の設立が，株式会社と同様に登記のみで可能となった。

　公益性の高い社団法人又は財団法人を設立し，その財政基盤に自ら保有する自社株式を提供し，提供した財産に係る税制上の優遇措置を受けるという方法は，これまでも行われていたが，公益法人制度の改革によりハードルが下がり，選択の可能性が高まっている。

　また，一般社団法人や一般財団法人であれば，必ずしも公益活動を行わなくともよいため，従来とは異なる活用方法も行われている。

　ここでは，税制上の優遇措置を受けることを念頭に，自社株式の寄附を受け入れる社団法人又は財団法人を設立及び運営する上で，税務上留意しなければならない論点を中心に検討する。

1　公益法人制度

　登記のみで設立可能な一般社団法人・一般財団法人と，公益性の高い法人として認定を受けた公益社団法人・公益財団法人とがある。一般社団法人・一般財団法人のうち非営利性の高い法人や，公益社団法人・公益財団法人には，税制上の各種優遇措置が設けられている。

(1)　一般と公益

　社団法人及び財団法人は，【図表1】のとおり，登記のみで設立できる一般社団法人・一般財団法人と，これらの法人のうち，公益性の高い法人として行政庁の認定を受けた法人である公益社団法人・公益財団法人に区分される。

　公益認定を受けた公益社団法人・公益財団法人は，法人名に「公益」という

【図表1：社団法人・財団法人の類型】

```
一般社団法人・一般財団法人の設立
    │
    ├─ 満たす ──→ 公益認定基準 ──→ 公益社団法人
    │                                公益財団法人
    │
    └─ 満たさない ──→ 一般社団法人 ──→ 法人税法の要件
                      一般財団法人        │
                                         ├─ 満たす ──→ 非営利型
                                         │             一般社団法人
                                         │             一般財団法人
                                         │
                                         └─ 満たさない ──→ 普通法人型
                                                          一般社団法人
                                                          一般財団法人
```

冠を独占的に使用できることから，社会的により信用性の高い法人として認知されることとなる。さらに，税制上も下記のような優遇措置が設けられている。

① 法人税においては，収益事業のみの課税とされている
② 利息収入や配当収入に係る源泉税も非課税とされる
③ 特定公益増進法人に該当するため，寄附者側においても，別枠の損金算入限度額（法人の場合），寄附金控除等（個人の場合）のメリットを受けられる

また，一般社団法人・一般財団法人のうち，法人税法の要件を満たすものを非営利型といい，公益社団法人・公益財団法人ほどではないが，公益的な法人として，上記①の収益事業課税の優遇措置が受けられる。

(2) 一般社団法人と一般財団法人

一般社団法人は，一定の目的を持った人の集まりに法人格を与えたものであり，財産の拠出がなくとも，社員2名以上及び理事1名以上（社員と重複可能）で設立が可能である。さらに，設立後は社員1名でも運営可能とされてい

る（【図表2】参照）。

　一方，一般財団法人は，一定の目的のために拠出された財産に対して，法人格を与えたものであり，300万円以上の財産を拠出しなければ設立できない。また，2期連続で純資産額が300万円を下回った場合は，解散となる。機関設計としては，評議員3名以上，理事3名以上及び監事1名以上（評議員，理事及び監事は重複不可）が必要とされている。

　一般社団法人，一般財団法人とも，事業内容に制約はなく，事業承継のために利用することも可能であるが，一般社団法人の方が少ない人員や財産で運営することが可能である。

　なお，一般社団法人の場合，目的の変更は社員総会の特別決議により自由に行うことができるが，一般財団法人の場合，そもそも一定の目的のために拠出された財産に対して法人格を与えるものであるため，定款の目的を変更することは原則として認められない。

　ただし，一般財団法人であっても，設立者が評議員会の決議によって目的を変更できる旨を定款に定めている場合は，目的を変更することが可能である。

【図表2：一般社団法人と一般財団法人】

	一般社団法人	一般財団法人
最低人員	社員2名，理事1名（重複可能）	評議員3名，理事3名，監事1名
最低拠出額	なし	300万円
目的の変更	可能	原則不可 （定款に定めれば可能）

（注1）　社員，評議員……株式会社における株主に該当するが，出資の必要はなく，原則1人1票とされている（社員の議決権は，定款に定めることである程度自由に設定することが可能（法法48①但書））。
（注2）　理事……株式会社における取締役に該当する。
（注3）　監事……株式会社における監査役に該当する。

(3) 法人税法上の非営利型法人とは

　通常，株式会社の場合，財産の寄附を受けた場合には，その財産の時価相当額が受贈益として法人の課税所得計算上益金に算入される。ただし，一定の要

件を満たす法人である場合は，収益事業に係る所得のみに対して課税され，寄附財産の受贈益に対して課税されない。これを，収益事業課税（法令3）といい，収益事業とは，【図表3】の34業種（その事業に付随して行われる行為を含む）で，継続して事業場を設けて行われるものをいう（法法2十三）。例えば，博物館事業を行っている財団法人が，敷地の一部で不動産賃貸業を行っている場合，不動産賃貸業は収益事業34業種の一つに該当するため，この不動産賃貸業に係る所得（公益目的事業に使ったものとしてみなし寄附金の適用を受ける部分を除く）についてのみ法人税が課税され，博物館事業に係る損益は課税されない。

【図表3：収益事業の範囲（法令5）】

1　物品販売業	2　不動産販売業	3　金銭貸付業
4　物品貸付業	5　不動産貸付業	6　製造業
7　通信業	8　運送業	9　倉庫業
10　請負業	11　印刷業	12　出版業
13　写真業	14　席貸業	15　旅館業
16　料理店業その他の飲食店業		17　周旋業
18　代理業	19　仲立業	20　問屋業
21　鉱業	22　土石採取業	23　浴場業
24　理容業	25　美容業	26　興行業
27　遊技所業	28　遊覧所業	29　医療保健業
30　技芸教授業	31　駐車場業	32　信用保証業
33　無体財産権の提供等を行う事業	34　労働者派遣業	

　ここでは，社団法人又は財団法人が個人から自社株式の寄附を受けることを想定しているわけだが，その社団法人又は財団法人がこの非営利型法人の要件を満たしていない場合，寄附された自社株式の時価相当額について，法人税が課税されることになる。そこで，あらかじめ，非営利型法人の要件を満たす社団法人又は財団法人であるように，法人設計をする必要がある。
　法人税法上の非営利型法人は，非営利性が徹底された「非営利徹底型法人」と共益的活動を目的とする「共益活動型法人」の2種類の類型に分かれ，それぞれ次のように要件が定められている。

① 非営利が徹底された法人
　イ　剰余金の分配を行わないことを定款に定めていること
　ロ　解散したときは，残余財産を国・地方公共団体や一定の公益的な団体に贈与することを定款に定めていること
　ハ　上記イ及びロの定款の定めに違反する行為（特定の個人又は団体に特別の利益を与えることを含む）を行うことを決定し，又は行ったことがないこと
　ニ　各理事について，理事とその理事の親族等である理事の合計数が，理事の総数の3分の1以下であること

② 共益的活動を目的とする法人
　イ　会員に共通する利益を図る活動を行うことを目的としていること
　ロ　定款等に会費の定めがあること
　ハ　主たる事業として収益事業を行っていないこと
　ニ　定款に特定の個人又は団体に剰余金の分配を行うことを定めていないこと
　ホ　解散したときにその残余財産を特定の個人又は団体に帰属させることを定款に定めていないこと
　ヘ　特定の個人又は団体に特別の利益を与えることを決定し，又は与えたことがないこと
　ト　各理事について，理事とその理事の親族等である理事の合計数が，理事の総数の3分の1以下であること

　仮に，社団法人又は財団法人の設立時に財産の寄附を受けるような場合，設立時にすでに要件を満たしていなければならない。要件の中には，定款に記載することを求めているものがあるため，法人設立手続の中で，公証人に認証を受ける定款には，法人税法上の要件を定めてある必要がある。なお，設立時に拠出した自社株式について，租税特別措置法40条（国等に対して財産を寄附した場合の譲渡所得等の非課税）の適用を受ける場合には，設立時の定款は，租税特別措置法40条の要件も満たしている必要もある。

(4) 税制上の優遇措置

　公益社団法人・公益財団法人には，多くの税制上の優遇措置が設けられており，主なものをまとめたのが【図表4】である。

　公益事業しか行わないのであれば，法人税の課税はなく，また，利息収入や配当収入に係る源泉税も非課税とされるため，寄附により受け入れた財産をそのまま公益事業のために利用することが可能である。

　一方，一般社団法人・一般財団法人であっても，非営利型法人に該当すれば，公益社団法人・公益財団法人と同様，収益事業のみの課税とされるため，寄附金収入等には課税されない。ただし，利息や配当に係る源泉税は課税をされ，法人税計算上は税額控除や還付を受けることができないため，配当収入を主たる収入源とするのであれば，むしろ非営利型法人に該当しない方が資金効率がよいこともあり得る。

【図表4：税制上の比較】

	公益社団法人 公益財団法人	一般社団法人・一般財団法人	
		非営利型	普通法人型
課税所得の範囲	収益事業のみ課税 （寄附による受贈益は非課税）	収益事業のみ課税 （寄附による受贈益は非課税）	全所得課税
利息収入・配当収入に係る源泉税	非課税	課税（税額控除又は還付不可）	課税（税額控除又は還付可能）
みなし寄附金	収益事業に属する資産を公益目的事業のために支出した場合，みなし寄附金として一定額を損金算入	なし	なし
寄附者への優遇措置	特定公益増進法人として別枠の損金算入限度額（法人），寄附金控除又は寄附金税額控除（個人）	なし	なし
租税特別措置法40条 （寄附者の譲渡所得の非課税）	一定の要件を満たせば適用あり	一定の要件を満たせば適用あり （非営利性が徹底された法人のみ）	適用なし
租税特別措置法70条 （寄附者の相続税非課税）	一定の要件を満たせば適用あり	適用なし	適用なし

（注）　租税特別措置法40条，租税特別措置法70条については，後述。

2 公益法人等に対して財産を寄附した場合の譲渡所得等の非課税（措法40）

自社株など譲渡所得の起因となる資産を法人に対して贈与した場合は，時価で譲渡したものとして譲渡所得課税がされるが，公益法人に対する寄附で一定の要件を満たせば，譲渡所得は非課税とできる。

(1) みなし譲渡課税（所法59）

個人が法人に対して譲渡所得の起因となる資産を贈与等した場合には，時価で譲渡したものとして贈与等した個人に対して譲渡所得課税がされる。

しかし，公益法人に対する贈与等で，一定の要件に該当する場合は，譲渡所得は非課税とされている（措法40）。

自社株については，取得価額よりも時価が相当高額となっていることが多く，単純に寄附をすると寄附者に対して譲渡所得課税がされてしまうが，公益法人への寄附であれば，この非課税措置の適用を受けることで，寄附者は譲渡所得課税を受けることなく，寄附を行うことができる。

なお，取得価額が時価と同額以上であるなら，もともと譲渡所得に係る税額が生じないため，この規定の適用を受ける必要はない。

(2) 公益法人等に対して財産を寄附した場合の譲渡所得等の非課税（措法40）

公益社団法人，公益財団法人並びに一般社団法人及び一般財団法人のうち非営利徹底型の法人に対する財産の贈与又は遺贈で，次の要件を満たすものとして国税庁長官の承認を受けた場合は，寄附者個人に対する譲渡所得課税はされない。

① 教育又は科学の振興，文化の向上，社会福祉への貢献その他公益の増進に著しく寄与すること（公益目的事業が一定の規模以上であることなどが求められる）

② 贈与又は遺贈があった日から2年を経過する日までの期間内に，その公

益法人等の公益目的事業の用に直接供され，又は供される見込みであること
③ 贈与若しくは遺贈をした者の所得税の不当減少，又はその者の親族等の相続税若しくは贈与税の不当減少にならないと認められること（「一般社団法人の場合は理事の定数6人以上，監事の定数2人以上」「一般財団法人の場合は理事の定数6人以上，監事の定数2人以上，評議員の定数6人以上」などが求められる）

　自社株を寄附した場合は，自社株を事業の用に直接供することができないため，果実である配当金の全額を公益目的事業に利用することで上記②の要件を満たすことができる。

(3) 租税特別措置法40条の主な要件

　租税特別措置法40条の適用を受けるための主な要件は，次のとおりである。

- 公益目的事業の規模が，社会的存在として認識される程度の規模を有している。
- 特定の人に限られることなく，公益の分配が適正に行われている。
- 事業運営について，法令に違反する事実その他公益に反する事実がない。
- 寄附財産が，寄附日から2年以内に公益目的事業の用に直接供され，又は，供される見込みである。
- 公益に反する事実がない。
- 寄附者等に対し，特別の利益を与えない。
- 解散した場合の残余財産が，国若しくは地方公共団体又は他の公益法人等に帰属する旨の定めがある。
- 公益の対価が，その事業の遂行に直接必要な経費と比較して過大でないなど，営利企業的に行われている事実がない。
- 役員等のうち親族関係がある人及びこれらの人と特殊の関係がある人

> の合計数が，それぞれの役員等の数のうちに占める割合が，いずれも3分の1以下である。
> ・株式の贈与等を受けた公益法人等がその贈与等により有することとなるその発行法人の株式が発行済株式の総数の2分の1を超えることとならない。

　これらの要件について，具体的にどのような運用がされていれば要件を満たすと取り扱われるかについては，租税特別措置法個別通達に定められている。例えば，「公益目的事業が，社会的存在として認識される程度の規模を有している」かどうかについて，奨学金事業を行う場合は，奨学生の人数が30名以上いれば社会的存在として認識される程度の規模を有していると取り扱うこととされており，研究助成金事業を行う場合は，その事業規模が都道府県より狭い範囲で行っていないことが，社会的存在として認識される程度の規模を有していると取り扱う判断基準となっている。

　また，「寄附日から2年以内に公益目的事業の用の直接供され，又は，供される見込みである」かどうかについて，寄附財産が株式などの金融資産である場合，元本そのものを直接事業の用に供することはできないため，その場合は果実である配当金や利息収入が公益目的事業の用に直接供されているかどうかで判断する。この判断基準からすれば，租税特別措置法40条の承認申請をした自社株式に係る配当金は，遅くとも2年以内には奨学金や助成金などとして，全部が直接，かつ，継続して費消されている必要があると考えられる。

　さらに，自社株式をいくら公益目的事業のために手放したいとしても，発行済みベースで半分までしか，一つの法人に対して寄附することはできない。

(4) 租税特別措置法40条の申請手続

　租税特別措置法40条の承認申請書の提出期限は，寄附日から4ヵ月以内である。仮に，その期間内に寄附日の属する年分の所得税の確定申告書の提出期限が到来する場合には，その提出期限までに承認申請書を提出する必要がある。

つまり、11月16日からその年12月31日までに寄附した場合には、翌年3月の確定申告書の提出期限までに承認申請書を提出しなければならない。

承認申請書は、寄附者の所得税の納税地を所轄する税務署へ提出する。その際、租税特別措置法40条の承認者は国税庁長官であることから、窓口となる所轄税務署、その税務署を所轄する国税局、そして国税庁のそれぞれへの提出用に、承認申請書は3部作成することとされている。なお、提出してから承認までの期間、国税庁からの補正事項が所轄税務署経由で伝達され、適正な運営がされているかを確認されたのちに処分が下される。

(5) 租税特別措置法40条の承認が取り消された場合の取扱い

国税庁長官からの承認を受けた場合であっても、次の場合に該当するときは、非課税承認が取り消される。承認を取り消された場合は、寄附者又は寄附を受けた社団法人若しくは財団法人に対して、原則として承認が取り消された日の属する年の所得として、所得税が課税される。

① 寄附財産が、寄附日から2年以内に公益目的事業の用に直接供されなかった場合、その他、その寄附により寄附者及びその親族等の所得税等の負担を不当に減少させる結果となると認められる場合（措法40②）
　→ この場合には、寄附者へ所得税が課税される。

② 寄附財産が公益目的事業の用に直接供されなくなった場合、その他、その寄附により寄附者及びその親族等の所得税等の負担を不当に減少させる結果となると認められる場合（措法40③）
　→ この場合には、寄附を受けた社団法人又は財団法人へ所得税が課税される。

寄附財産について一度適正な取扱いがなされた事実があった後に、非課税承認が取り消されるような事由が発生した場合、そのような事由の発生の責任は寄附者個人ではなく、寄附を受けた社団法人又は財団法人に負わせるべきであると考えられるため、途中から社団法人又は財団法人へ取消リスクが転嫁される。

(6) 租税特別措置法40条の承認が取消しになった事例

　租税特別措置法40条の承認申請をした場合，その申請の対象である資産を売却等すると，非課税承認が取消しとなる場合がある。

　租税特別措置法40条の承認が取り消された場合の取扱いは，前述したとおりである。実際の事例として，非課税承認の取消し処分に関する判例として，次のようなものがある。

> 〔寄附財産譲渡代金の定期預金保管で40条承認取消し〕（平成22年（行ウ）第721号）
> 　公益事業を営む法人が個人から贈与を受けた土地を売却した金員で病院を建築し，公益目的事業の用に供したことで，その譲渡所得について措置法40条の非課税承認を受けた後，その建物等を売却し，代金を定期預金として管理した。売却代金を定期預金とし，その利息を公益事業に使用していることで措置法40条3項の「代替資産」に該当するか否かが争われたが，該当しないとされた事例。

　租税特別措置法40条の非課税承認を受けた資産を売却等することは，原則として承認要件を満たさないことになるが，一定の代替資産を取得する場合は非課税承認が継続される。新たに取得した代替資産についても，公益目的事業の用に直接供することが求められる。本件の場合，当初寄附した土地を売却して，代替資産である病院を取得したが，その代替資産をその公益目的事業の用に直接供しなくなったために，非課税承認が取り消されることとなった。原告は，病院の売却代金を定期預金として保管し，その利息を全て公益目的事業の用に供したことから，取消し要件に抵触していないと主張したが，判決では次の二点が指摘され，納税者が敗訴した。
① 代替資産は一定の資産（減価償却資産，土地等，株式交換等による取得する株式その他一定の資産）に限られており，定期預金は該当しない。
② 定期預金が代替資産に該当すると，贈与者がその資産を売却してその売却収入を法人へ寄附したケースとの課税上の取扱いの均衡を欠くことになる。

　自社株式が租税特別措置法40条の承認を受けた財産である場合には，その

自社株式を売却して、定期預金などとして保有するケースは、取消し事由に該当するだろう。

ここでは、自社株式を公益性の高い社団法人又は財団法人へ寄附する場合に、どのような税務上の取扱いが関わってくるのかを確認した。特に、租税特別措置法40条の要件は細かく設けられており、寄附を受ける社団法人又は財団法人側の運営状況についてもしっかり確認をすることが必要である。

また、このように自社株式を寄附することは、公益事業のために永遠に手放すことであり、何らかの形で寄附者がその見返り等を求めることはできない。そのような事実があった場合は、寄附者等への利益供与は非課税取消し要件に該当する。

自社株式を寄附するに当たっては、寄附者はそれ相応の覚悟をしてから臨むことが必要であろう。

3　国等に対して相続財産を贈与した場合等の相続税の非課税等（措法70）

> 相続人が相続した後に社団法人又は財団法人へ寄附し、その際に租税特別措置法70条の特例を受けることを想定している場合には、寄附を受ける法人は寄附時に公益社団法人又は公益財団法人でなければ適用を受けられない。

(1) 国等に対して相続財産を贈与した場合等の相続税の非課税等（措法70）

相続又は遺贈により財産を取得した者が、申告期限までに公益社団法人又は公益財団法人のうち、教育若しくは科学の振興、文化の向上、社会福祉への貢献その他公益の増進に著しく寄与するものとして一定のものに贈与をした場合には、贈与者又はその親族等の相続税又は贈与税の負担が不当に減少する結果となると認められる場合を除き、その贈与をした財産の価額は、相続税の課税価格の計算の基礎に算入しないこととされている。

上記2の非課税措置は、被相続人の意思で生前に贈与するか遺言により贈与

をした場合の規定であったが，この規定は，相続人が相続した財産を相続人の意思で寄附した場合の規定である。

また，この規定はあくまでも相続税の非課税措置であるため，上記1と同様，寄附をした相続人は原則として時価で譲渡したものとして譲渡所得課税がされるため，譲渡益が生じる場合は，上記2の譲渡所得の非課税措置も併せて適用を受ける必要がある。

上記2の規定は公益社団法人・公益財団法人のほか非営利徹底型の一般社団法人・一般財団法人にも適用があるが，この規定は公益社団法人・公益財団法人のみ適用を受けられる。

(2) 自社株等の寄附に対する租税特別措置法70条の適用

相続人が自社株等の財産を相続により取得し，その財産のうちから自社株（譲渡所得の基因となる資産）を，当該相続に係る相続税の申告期限までに公益社団法人又は公益財団法人へ寄附した場合には，租税特別措置法70条（国等に対して相続財産を贈与した場合等の相続税の非課税等）により，その寄附財産に係る相続税が非課税とされる。また，当該相続人が公益社団法人又は公益財団法人へ寄附する際には，その寄附財産の含み益について譲渡所得税が課税されるが，これについては，租税特別措置法40条の承認を受けることで，非課税となる。相続人が寄附する場合には，相続税と所得税の両税について，それぞれ租税特別措置法70条と40条の申請をしなければならない。

ここで留意を要するのは，租税特別措置法70条の適用は，一般社団法人又は一般財団法人には適用がないということである。公益認定審査には一定の期間を要するため，相続開始時に一般社団法人又は一般財団法人である場合には，申告期限までに公益社団法人又は公益財団法人へ移行することが難しい場合も考えられる。相続開始前に，被相続人となる個人が生前に寄附するか，遺言で寄附することを記しておけば，相続人が介在せずに租税特別措置法40条の申請だけで済ますことができる。生前の対応が難しい場合には，あらかじめ公益社団法人又は公益財団法人への移行を済ませておく方がよいだろう。

【図表５：法人の類型と租税特別措置法70条との関係】

法人の類型	公益社団法人又は公益財団法人	一般社団法人又は一般財団法人のうち、「非営利徹底型法人」	一般社団法人又は一般財団法人のうち、「共益活動型法人」
取 扱 い	租税特別措置法70条の適用対象となる。	租税特別措置法70条の適用対象とならない。	租税特別措置法70条の適用対象とならない。

4　社団法人・財団法人への贈与税又は相続税の課税

　社団法人・財団法人に対する財産の贈与等が、贈与者の税負担の不当減少と判断されると、社団法人・財団法人に対して相続税等が課税される。また、平成30年度税制改正により、課税が強化されているため留意が必要である。

(1)　社団法人・財団法人への贈与税又は相続税の課税（相法66）

　持分の定めのない法人（社団法人・財団法人が該当）に対し財産の贈与又は遺贈があった場合において、贈与又は遺贈をした者の親族等の相続税又は贈与税の負担が不当に減少する結果となると認められるときは、社団法人又は財団法人を個人とみなして、これに贈与税又は相続税を課税することとされている。
　これは、実質的には贈与者又はその親族等がその財産を支配している状況にもかかわらず、形式的に法人名義にすることにより、永久にその親族等に相続税又は贈与税が課税されなくなることを防止するため、社団法人・財団法人へ贈与税又は相続税を課税するものである。

(2)　不当減少の判定（相令33③）

　相続税又は贈与税の負担が不当に減少する結果となると認められるか否かの判定であるが、次に掲げる要件の全てを満たすときは、相続税又は贈与税の負担が不当に減少する結果となると認められないものとされている。
　① その運営組織が適正であるとともに、その定款において、その役員等のうち親族関係者及び特殊関係者の数がそれぞれの役員等の数のうちに占め

る割合は，いずれも3分の1以下とする旨の定めがあること。
② 財産の贈与若しくは遺贈をした者，その法人の設立者，社員若しくは役員等又はこれらの者の親族等に対し，施設の利用，余裕金の運用，解散した場合における財産の帰属，金銭の貸付け，資産の譲渡，給与の支給，役員等の選任その他財産の運用及び事業の運営に関して特別の利益を与えないこと。
③ その定款において，当該法人が解散した場合にその残余財産が国若しくは地方公共団体又は公益社団法人若しくは公益財団法人その他の公益を目的とする事業を行う法人に帰属する旨の定めがあること。
④ その法人につき法令に違反する事実，その帳簿書類に取引の全部又は一部を隠蔽し，又は仮装して記録又は記載をしている事実その他公益に反する事実がないこと。

なお，上記①については，個別通達により更に「一般社団法人の場合は理事の定数6人以上，監事の定数2人以上」「一般財団法人の場合は理事の定数6人以上，監事の定数2人以上，評議員の定数6人以上」などの条件が設けられている。

(3) 一般社団法人等の場合の不当減少の判定（相令33④）

平成30年度税制改正により，一般社団法人・一般財団法人の場合は，上記(2)の判定の前に次の判定をすることとされた。

一般社団法人等が次に掲げる要件のいずれかを満たさないときは，相続税又は贈与税の負担が不当に減少する結果となると認められるものとされている。
① その定款において，上記(2)①及び③に関する定めがあること。
② 贈与又は遺贈前3年以内に一般社団法人等に係る贈与者等に対し，上記(2)②の特別の利益を与えたことがなく，かつ，その定款において贈与者等に対し特別の利益を与える旨の定めがないこと。
③ 贈与又は遺贈前3年以内に重加算税又は重加算金を課されたことがないこと。

上記判定により不当に減少する結果とならないと認められる場合は，次に上記(2)の判定をすることとなる。

(4) 特定の一般社団法人等に対する相続税の課税（相法66の2）

平成30年度税制改正により，同族理事が理事の過半数を占めるような一般社団法人・一般財団法人については，同族理事の死亡の際，一般社団法人等に対して純資産に応じた相続税が課税されることとなったため，留意が必要である。

具体的には，一般社団法人等（非営利型を除く）の理事（過去5年以内に理事であった者を含む）が死亡した場合において，一般社団法人等が次の①の要件に該当するときは，次の②の算式で計算した金額を死亡した理事から遺贈により取得したものとみなして，一般社団法人等に相続税を課することとされた。

① **課税要件**

次の要件のいずれかを満たす場合に課税される。

　イ　理事の死亡直前におけるその理事に係る同族理事（その理事の配偶者，三親等内の親族及び特殊関係者）の数が理事の総数の2分の1を超えること。

　ロ　理事の死亡前5年以内においてその理事に係る同族理事の数が理事の総数の2分の1を超える期間の合計が3年以上であること。

② **課税される金額**

理事の死亡の時における一般社団法人等の純資産額（相続評価による金額）をその時における一般社団法人等の同族理事の数に一を加えた数で除して計算した金額に相当する金額

5　一般社団法人の活用例

一般社団法人及び一般財団法人の行う事業に制約はないため，営利目的事業を行うことや，特定の目的（例えば民事信託の受託者）のみ行うことも可能である。

一般社団法人と一般財団法人の特徴は既に説明したが，一般社団法人の方が少ない人員や財産で運営することが可能であるため，一般社団法人の方がより運営の自由度が高いといえる。

　ここでは，一般社団法人を前提として，いくつかの活用例と留意点を確認したい。

(1) 一般社団法人を持株会の受け皿として活用

　非上場会社においても，従業員持株会に株式を所有させている例は多いが，近年，退職に伴う退会者に対して加入希望者が不足していることや，そもそも会社規模の縮小などで，従業員持株会での株式保有が困難となっている事例も少なくない。

　このような株式の受け皿として，一般社団法人の活用が考えられる。

　従業員持株会での自社株の流通価格は，通常は配当還元価額程度であり，仮にオーナー家が配当還元価額で買取りをすると，低額取得として贈与税が課税されることとなってしまう。これに対して，一般社団法人は，あくまでもオーナー家とは別人格であり，一般社団法人の所有する議決権数が少ないうちは，配当還元価額での買取りをしても受贈益課税がされることはないものと考えられる。

　ただし，例えば社員及び理事の全てをオーナー家の特殊関係者で占めているなど，オーナー家が一般社団法人を実質的に支配していると認められる場合には，一般社団法人の議決権数の判定の際，オーナー家の議決権数も加算して判定する（つまり原則評価とされる）こととなることも考えられるため，機関設計や事業目的等，慎重な検討が必要である。

(2) 一般社団法人を資産管理会社として活用

　後継者が株式会社を設立して，現経営者が保有する自社株や事業用不動産を後継者の会社に取得させるという対策が広く行われている。

　これは，自社株評価の上昇による相続税等承継コストの増加リスク対応や，

自社株の配当金や事業用不動産の賃料収入による所得を後継者の会社に帰属させるなどの目的で行われるものであるが，後継者が株式会社を設立すると，将来的には当該株式会社を次の後継者に承継させる際，今度は当該株式会社の自社株評価が上昇し，同様の問題が生じる。

一方，一般社団法人を設立して，当該一般社団法人に自社株や事業用不動産を時価で譲渡すると，一般社団法人は持分のない法人であるため，今後一般社団法人の純資産が増加したとしても相続税の課税対象とはならない。

なお，資産管理会社的な一般社団法人については，同族理事が理事の過半数を占めるケースが多いと思われるが，前述の通り平成30年度税制改正により，同族理事が理事の過半数を占めるような一般社団法人等については，同族理事の死亡の際，一般社団法人等に対して純資産額に応じた相続税が課税されることとなったため，留意が必要である。

(3) 一般社団法人を信託の受託者として活用

信託については第4章 3 で触れているが，信託とは，特定の者（受託者）が，財産を有する者（委託者）から移転された財産（信託財産）につき，信託契約又は遺言等（信託行為）によって，一定の目的（信託目的）に従い，財産の管理又は処分等の行為をすることをいう（信託法2）。

ここで，受託者の条件として，信託の引き受けを「営業」として行おうとする場合には，免許が必要とされている（信託業法3）。しかし，「営業」とは，営利を目的として，不特定多数の者を相手に，反復継続して行われる行為をいうため，営利を目的とせず，特定の1人から1回だけ信託を受託しようとする場合には，信託業の免許は不要と考えられ，このような信託を民事信託と呼んでいる。このような信託であれば，一般社団法人が受託者となっても問題ないものと考えられている。

大株主である現経営者が亡くなった場合に，遺言がなく，相続人間で遺産分割協議も整わない場合は，遺産分割協議が整うまでは原則として会社に対して議決権を行使することができない（会社法106）。

また，大株主である現経営者の意思能力が乏しくなったり，意識不明の状態が長期間続くと，その者の存命中は議決権を行使することができなくなり，会社運営に支障を来すこともあり得る。
　このような事態を避けるため，一般社団法人を受託者として，自社株を信託することが考えられる。
　なお，前述の通り，同族理事が理事の過半数を占めるような一般社団法人等については，同族理事の死亡により一般社団法人等に対して相続税が課税されることとなったが，信託財産は純資産額に含まれないため，信託財産以外の財産がほとんどない一般社団法人等については，相続税の課税も限定的である。

事例2　社団法人を受贈者とする自社株の信託

＜概　要＞
① 現経営者は高齢になっており，自身の子を後継者として決めたが，自分の判断能力があるうちは経営権を譲るつもりはない。
② 現経営者は大株主であるため，認知症等により議決権行使ができなくなることを心配している。
③ 上記②のリスクに対応するため，一般社団法人を受託者として自社株の信託契約を締結することとした。

＜考え方＞
・ 普通法人型の一般社団法人を社員3人（現経営者及び配偶者，後継者），理事1人（現経営者）で設立する。
・ 現経営者を委託者兼受益者，一般社団法人を受託者として自社株の信託契約を締結する。
・ 現経営者の意思能力が乏しくなったり，相続が発生した場合は，後継者が理事となって議決権を行使する。
・ 一般社団法人は受託者となるのみであるため，株式の購入資金は必要なく，受益者を委託者である現経営者とすれば，実質的に価値の移転はないため，贈与税等の課税もされない。

- 株式の議決権は理事である現経営者が行使できる（議決権行使の指図権を現経営者に持たせることも可能）。
- 信託の受託者である一般社団法人に対して，管理手数料を支払うことも可能と考えられる（一般社団法人において法人税課税）。

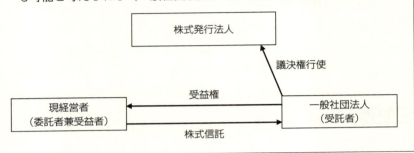

　ここでは，社団法人・財団法人の活用について，従来からの活用方法である「財団法人に寄附をして財産を公益目的に利用する」という方法や，公益法人制度改革により自由度が増した一般社団法人・一般財団法人の特徴及び活用方法について検討をした。

　今回の内容で触れたのは，活用方法の一例に過ぎないが，比較的新しい制度のため，今後も様々な活用方法が考えられるだろう。

　それに対して，平成30年度税制改正のように行き過ぎた行為を封鎖するための改正は今後も行われるものと考えられる。

3 親族外承継

　事業承継といえば，かつては親族内承継（特に子息・子女への承継）が当たり前であったが，近年では親族外承継も多くなっている。

　現経営者としては「自分の子供に継いで欲しい」という思いを持つことが多いであろうが，一方で，自分の苦労を子供に味わわせたくない，子供に才能がない，そもそも子供が後を継ぎたがらない，などといった要因から，親族外承継を選択せざるを得ない側面もあるのであろう。

　「事業承継を中心とする事業活性化に関する検討会」が平成26年7月にとりまとめた中間報告によると，直近10年間に行われた事業承継のうち親族内承継の割合は約6割で，残りは親族以外の役員・従業員又は社外の第三者への承継との報告がされている。

　また，事業承継税制の適用要件の一つに「後継者が親族であること」とあったが，平成27年1月1日以後の遺贈又は贈与より，この親族要件が撤廃され，親族外の後継者も適用を受けられることとなり，税制も親族外承継を後押ししている。

　親族外承継には，「役員・従業員から後継者を選ぶ」「金融機関や取引先から後継者を招聘」「M&Aにより第三者へ売却」などの選択肢があるが，自社の経営理念等を理解している役員・従業員から選ぶことが，他の方法に比べて社内・社外の関係者から受け入れられやすい。

　役員・従業員への親族外承継には，事業のみを承継させる場合（所有と経営の分離）と事業と株式を承継させる場合（所有と経営の一致）とがあるが，株式のように財産価値のある資産を承継させようとすると，必ず生じるのが税金を含む資金的な問題である。

　ここでは，これらの親族外承継に際しての留意点を中心に検討する。

1　親族外承継を行う場合の留意点

親族外承継に際しては，親族内承継以上に①関係者の理解，②個人保証・担保の処理，③株式・事業用資産の分配が重要である。

現経営者から後継者へ円滑な事業承継を行う為には，事業承継の環境整備が必要である。特に後継者が親族でない点をも配慮し，以下の点に留意する必要がある。

(1)　承継に向けた関係者の理解

親族外承継の場合には，親族内承継と違って，会社の内外から広く後継者候補を選ぶことができ，また，特に社内で長期間勤務している役員や従業員が承継する場合は，経営の一体性を保ちやすいというメリットが考えられる。その一方で，社内の反発や取引先関係者の理解を得るのが難しい場合もあり得るため，親族内承継よりも一層後継者の経営環境の整備に留意する必要がある。後継者選定後はできるだけ早い段階で，後継者育成に取り組み，それに合わせて社内外にその旨の認知をしてもらえるよう努めることが重要である。

(2)　個人保証・担保の処理

経営を承継するに当たって，会社が金融機関からの借入に対して行っている，現経営者による個人保証について，後継者も連帯保証人に加わることを求められる場合がある。また，現経営者の自宅等の個人資産の物的担保については，他に十分な担保があるような場合以外はその解除は困難となる。そのため，事業承継に向けて債務の圧縮に努めるとともに，金融機関との交渉や，後継者の負担に見合った報酬の設定等の配慮が必要である。

(3)　株式・事業用資産等の分配

後継者の経営意欲と責任感を高める上では，株式等の経営権についても後継者に一定程度を集中させることは重要である。後継者の株式買取資金や現経営

者の考え方などに応じて，最もふさわしい株式保有形態やガバナンス体制を検討し，現経営者の親族の理解も求めながら，計画的に実行することが必要である。

また，同族会社であるが故に会社と現経営者の個人資産の区別があいまいな場合も多い。株式の承継と併せて，会社と個人の資産の区別を明確にする必要がある。

2　株式取得の手法

後継者が株式を取得する手法として，①直接買取り，②自己株式の取得，③株式買取会社の活用などが考えられる。

親族内の承継の場合，株式を承継させる際の相続税・贈与税等の資金負担をいかに抑えるかがポイントになるが，親族外の承継でももちろん同様の問題が生じる。

株式を承継させるためには，「株式の贈与」又は「株式の譲渡」が考えられる。会社を引き継いでくれるなら無償でよいと考える現経営者もいるだろうが，現経営者としても自己や自己の親族の生活保障のためにも，相応の金銭が必要となる。後継者の資金負担能力を考え，株式の一部を贈与することは考えられるが，やはり基本的には後継者が株式の買取資金を調達する必要がある。

役員・従業員が創業家から株式を買い取って経営権を取得することをMBO（Management Buy Out）といい，従業員であればEBO（Employee Buy Out）ということもある。

MBOにおける株式の買取りには，以下のような方法が考えられる。

(1)　直接買取り

後継者が自己で資金を調達することが可能であれば，一番シンプルに承継が可能である。しかし，金融機関としては慎重な対応を取ることが多く，実際に資金を調達することは容易ではない。

資金の潤沢な会社の承継であれば，後継者が自社から資金を借り入れ，株式の購入資金に充てることも考えられるが，後継者の返済計画も考えないといけない。このような場合，通常は後継者の役員報酬を増額し，増額分から借入金を返済していくが，以下の２点により効率的でない場合が多い。
　①　会社は後継者から利息を取らなければいけない。その利息は後継者側で配当金（配当所得）からしか控除できず，他の所得と通算できない。
　②　役員報酬を増額すると，後継者の所得税・住民税（最高税率55％）も増加するため，金額によっては返済額の２倍以上の増額が必要となることもある。

(2) 自己株式の取得

　承継する会社の資金が潤沢な場合は，創業家の所有する株式の一部のみを後継者に贈与又は譲渡し，残りの株式は会社に自己株式の取得をさせることも考えられる。現経営者に残った株式を全て会社が買い取ることができれば，株主は後継者のみとなり，株式の承継が完了する。
　ただし，この場合の留意点として，みなし配当課税がある。発行会社に対する株式の譲渡は，資本金等の額を超える部分がみなし配当とされ，配当所得として総合課税される。過去の利益の内部留保が多い会社であれば，譲渡代金の大半がみなし配当に該当し，所得税・住民税が最高55％の税率で課税されてしまう。

(3) 株式買取会社（SPC）の活用

　MBOの手法として一般的といわれているのが，株式買取会社（SPC）を活用したものである。この手法は，以下のような手順で行われる。
　①　後継者が出資して，SPCを設立する。
　②　SPCが投資ファンドからの出資や金融機関から買取資金の融資を受け，買取資金を調達する。
　③　SPCが調達した資金で現経営者から株式を買い取る。

④ 株式買取後，承継対象の会社とSPCを合併させ，SPCの債務は承継対象会社の債務となる（合併をしないで，SPCが承継対象会社からの配当金で買取資金の返済をする場合もある）。

この手法によると，投資ファンドから出資を受けた場合は，投資ファンドは長期の安定株主として出資するわけではなく，基本的にキャピタルゲインを得ることを目的として出資するため，最終的には株式上場や他の投資家への売却という出口まで考える必要がある。

また，金融機関から融資を受けた場合は，資本の債務化がされることになり，承継対象会社の財務状況は悪化するため，返済を可能とする事業計画が必要となる。

【図表1：株式買取会社の活用】

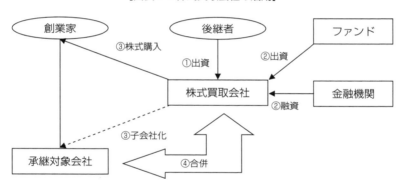

3 後継者の資金負担軽減

株式も承継する親族外承継の場合，後継者の株式取得のための負担軽減と資金融通がポイントとなる。

(1) 資金負担の軽減

現経営者が後継者に株式を譲渡する場合，相続税評価額をベースに検討することが多い。売買価格が高額すぎても，低額すぎても，贈与税等の課税が生じ

る可能性があるためである。

　非上場株式の場合，相続税評価額は類似業種比準価額と純資産評価額とのいずれか，または2つをミックスした価格で評価されるが，大抵の会社は「類似業種比準価額＜純資産評価額」であり，業績のよい会社は利益を引き下げることができれば，類似業種比準価額（ひいては株式評価額）を引き下げることが可能である。

　株式評価額の引下げ手法として，最も簡単なものが退職金の支給である。

　株式の譲渡の場合，譲渡した現経営者は譲渡益に対して20％（所得税＋住民税，別途復興特別所得税）の課税がされる。

　退職金への課税は，退職金から退職所得控除額を控除（＝退職所得金額）し，その2分の1相当額に累進課税（所得税＋住民税で最高55％，別途復興特別所得税）がされる。

　退職金が高額になると，譲渡益課税よりも税負担が増加することもあるが，何より株価の引下げにより後継者の資金調達額を減少できるメリットが大きい。

　また，会社としても，退職金相当額のキャッシュアウトはあるが全額損金算入される（過大部分を除く）ため，その分の法人税等相当額の税効果を得られる。

事例1　退職金の支給

＜概　要＞

① 　A社の状況は以下のとおりである。

　　純資産　400百万円，税引前利益　50百万円（法人税等20百万円）

　　現状の株式評価額　300百万円（現経営者の取得価額30百万円）

　　※　現経営者（勤続30年）に退職金50百万円を支給した場合，株式評価額は200百万円と見込まれる。

② 　現状のまま後継者が買い取る場合と，現経営者に退職金を支給してから後継者が買い取る場合の概算額を検討する。

③ 　復興特別所得税は考慮しないものとする。

<考え方>
- 現状のまま後継者が買い取る場合は以下のようになる。
  後継者の必要資金　300百万円
  現経営者の手取額　246百万円（＝300百万円－所得税等54百万円）
- 仮に現経営者へ退職金50百万円を支給し，退職金支給後に後継者が買い取る場合は以下のようになる。
  後継者の必要資金　200百万円
  現経営者の手取額　210百万円（＝退職金44百万円＋株式譲渡166百万円）
  退職金　44百万円（＝50百万円－所得税等6百万円）
  株式譲渡　166百万円（＝200百万円－所得税等34百万円）
- 退職金支給後の場合，現経営者の手取額は36百万円減少するものの，後継者の必要資金は100百万円減少しているため，承継後の後継者・会社の負担を考えると，円滑な承継ができたと言える。

(2) 経営承継円滑化法の活用

　平成20年10月1日に施行された「中小企業における経営の承継の円滑化に関する法律」では，事業承継税制の他に，事業承継時の資金供給による金融支援が定められている。

　金融支援には，以下のとおり中小企業信用保険法の特例と日本政策金融公庫法等の特例があるが，適用を受けられるのは，中小企業基本法上の中小企業者（＝一定の資本金又は従業員数の基準を満たす会社）及び中小企業者の代表者個人（＝後継者）であり，都道府県知事の認定を受ける必要がある。

　なお，認定とは別に金融機関及び信用保証協会による審査があり，認定を受けた場合でも信用保証や融資を受けられないこともあるので注意が必要である。

① 中小企業信用保険法の特例

　認定を受けた会社の事業に必要な資金について，中小企業信用保険法に規定されている普通保険（限度額2億円），無担保保険（同8,000万円），特別小口保険（同1,250万円）を別枠化して，信用保証協会の債務保証を受けることができる。

　この特例は，株式や事業用資産等の買取資金，会社の運転資金を想定している。会社による自己株式の取得資金へ利用することも可能である。

② 日本政策金融公庫法等の特例

　認定を受けた会社の代表者個人（後継者）が必要とする資金であって，その会社の事業活動の継続に必要なものについて，日本政策金融公庫等から代表者個人が融資を受けることができる。金利については，通常の金利（普通金利）ではなく特別に低い金利（日本政策金融公庫の「特別利率①」）が適用される。

　この特例は，株式や事業用資産等の買取資金のほか，相続税・贈与税の納税資金等を想定している。

(3) 会社の磨き上げ

　後継者が資金調達する際，ファンドや金融機関は結局，その会社からどれだけの資金を回収できるかを重視するため，将来キャッシュフローなどの収益性が重視され，相続税評価額については参考程度とされることが多い。

　前述のとおり，同族会社では個人と会社の区別があいまいになっていることが多く，無駄な経費支出の削減，不要な資産の処分など，健全な会社を目指すことが税務上の評価と金融機関等から見た評価のギャップを埋めることにつながる。例えば，中小企業では，現経営者の親族で勤務実態が乏しい役員に対して報酬を支払っていることも多いが，そういった役員には承継前の段階で退任していただくべきだろう。

　その他にも，名義株主の整理は親族内承継でも重要であるが，親族外承継の場合も当然事前に整理しておくべきである。

4　株式を承継しない親族外承継

> 株式を承継しない親族外承継の場合，所有と経営の分離のため，持株会社の活用や種類株式の活用などが考えられる。

　親族外への事業承継のうち，資本と経営を分離して旧経営者が一定の会社支配権を保有する場合には，持株会社や種類株式の活用などが考えられる。さらに持株会社を利用する場合には，会社分割や事業譲渡といった手法が活用できる。

(1) 持株会社の活用

　「経営能力や本人の意識の問題から会社の経営を引き継がせることは無理だけれど，子どもには金銭等の財産を残してやりたい」というのがオーナー経営者であり，また親としての本当の気持ちであろう。そこで，事業経営は会社内部の経営能力のある人材を選任し承継してもらい，オーナーの親族は会社の所有権を維持する場合における持株会社の活用を検討する。

　持株会社化にはいくつかの方法があるが，例えば不動産を多く保有する会社の場合，不動産の移転コストに留意しなければならない。このような場合は，事業部門を分社化（分社型分割）することが有効である。

　また，事業と使用している不動産が密接に関連している場合，不動産と切り離して別法人としての経営をすることがむずかしいケースもある。その際には，親会社は純粋持株会社のような形態で，子会社株式だけを保有する会社として設立することも検討が必要である。

事例2　会社分割の活用

＜概　要＞

① 　A社は，機械部品の製造に優れた技術力を持つ会社として順調に業績を伸ばし，賃貸不動産も保有する会社に成長した。

② 　代表者が高齢になったため事業の承継を検討したが，親族内に適当な

後継者がいないため、親族外の役員に経営を承継してもらうこととした。
③ A社を会社分割の手法により事業会社と持株会社とに分離させ、賃貸不動産は持株会社で保有するように分割する。
④ 事業会社の経営は後継者に任せることで事業の安定的承継を図り、親族へは継続した収入が確保できるようにした。

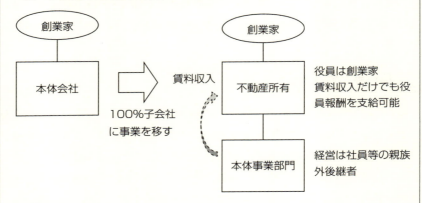

<考え方>

・ 不動産を多く保有する場合には、不動産の移転コスト（登録免許税や不動産取得税）を考慮し、不動産を残して事業のみを子会社に分割させる手法が有効である。

イ 分社型分割を利用して100％子会社を設立する
完全子会社（100％子会社）を設立する手法は、会社分割の他に事業譲渡等の方法もあるので、ケースに適した方法で設立する。

ロ 不動産は分割法人である親会社に残しておく
不動産はそのまま親会社である持株会社に残すことで、不動産の移転コストは生じない。親会社の役員を親族が引き継いでいけば、給与等の収入が継続的に期待できる。

ハ 親会社は賃貸不動産により将来的に安定した収入確保が可能となる

ニ 事業会社は、親族外後継者が承継して経営を行う

(2) 株式を持たない経営者について

　上記のように親会社が事業会社の役員選任権を完全に掌握している場合には，いわゆる雇われ経営者ということになり，いくら有能な人材であってもその能力に対する対価は報酬によってしか報われないという面がある。また，中堅中小企業においては「株式を持たない経営者は本当の経営者ではない」という考え方もあり，社長を何年もやっていて株式をまったく持っていないことは，外部取引先，特に金融機関から見て違和感が出てくるのではないかと思われる。さらには，将来において事業をまったく理解していない株主が経営に口を挟んでくる恐れもあり，後継者に対する適正な評価が行われない可能性があるほか，後継者がいつ何時その地位から追われるか分からないという不安な状態にさらされる問題がある。

　そこで，後継者の安定した経営を配慮し，オーナー経営者が存命している間に，旧経営者の保有株式を徐々に後継者に承継させ，経営者としての自覚とモチベーションを上げていくことを考えなければならない。

(3) 種類株式の活用

　親族外承継の場合に活用できる種類株式としては，議決権制限株式（親族外後継者が保有）や，拒否権付種類株式（現経営者や一族が保有）がある。例えば，拒否権付株式を発行してそれを現経営者が保有し，重要事項についての拒否権を現経営者が保持しつつ，親族外後継者に普通株式を承継させる方法である。

　しかし，拒否権付株式の内容によっては，会社の経営に支障をきたす可能性もあるので，活用に当たっては，種類株式の内容とその効果を十分に理解した上で，慎重な設計を行うことが必要である。

5　M&Aによる会社売却

親族外の役員・従業員の中で後継者が見つけられない場合は，M&Aによる会社売却も検討する。

(1)　M&Aとは

M&Aとは，合併（Merger）と買収（Acquisition）を重ねた言葉であり，会社そのものを売買することを意味する。

従業員の雇用の維持や取引先の仕事を確保し，また経営者の老後の生活資金を得るためには，会社そのものを売却し，第三者に経営を譲ることも選択肢の一つと考えられる。

(2)　M&Aの手法と特徴

一口にM&Aと言っても様々な種類があり，会社の全部を譲渡する方法と，一部を譲渡する方法に大別される。

会社の全部を譲渡する方法としては，「株式の譲渡」「株式交換」「吸収合併」などが考えられ，会社の一部を譲渡する方法としては，「会社分割」「事業譲渡」などが考えられ，以下のような特徴がある。

【図表2：M&Aの手法の比較】

手法		メリット	デメリット
会社の全部を売却	株式の譲渡	・会社の権利義務は不変 ・手続が容易 ・売主側は現金収入あり	・株主としての地位を失う ・買主側の資金負担
	株式交換	・会社の権利義務は不変 ・雇用や取引先との関係継続	・会社法に従った手続が必要
	吸収合併	・会社の権利義務等の全部を承継 ・承継資産等の名義変更が必要	・会社法に従った手続が必要
		・対象事業に属する資産，負債，従業員，取引先等を承継	・会社の権利義務等は個別に移転手続が必要

会社の一部を売却	事業譲渡	・雇用や取引先との関係継続 ・譲渡による現金収入あり	・会社法に従った手続が必要 ・競業避止義務あり ・買主側の資金負担
	会社分割	・対象事業を包括的に承継 ・雇用や取引先との関係継続	・承継資産等の名義変更が必要 ・会社法に従った手続が必要

(3) M&Aの手続

M&Aの手続は，概ね①計画・調査等を行う準備，②実行，③M&A後（ポストM&A）の3つに分かれる。各手続きの概要は以下のとおりである。

① M&Aの準備

M&Aにより実際に相手先との売却交渉を行うまでに，仲介機関の選定や企業実態の把握，企業の「磨き上げ」などを事前に行う。

しかし，最も注意すべき事項は，外部への情報漏洩を防ぐことである。

② M&Aの実行

事前準備が整ったら，売却候補先企業へ打診をし，秘密保持契約書を締結した上で，売主側が財務諸表・事業計画・税務申告書等の詳細な資料を提示する。

条件交渉を進める中で合意できれば，基本合意書を締結し，その後デューディリジェンスにより財務内容を中心に精査した上で，売買契約書を締結することで正式に合意ができる。最後にクロージング（資金決済）をして完了となる。

③ ポストM&A

M&A実行後は，いかに経営統合を円滑に進めてゆくかが重要である。異なる企業文化の会社を融和させ，役員・従業員等が新体制のもとでも気持ちよく働けるような環境の整備を行うためには，売主側・買主側両者の合意のもとに，売主側の旧経営者がM&A実施後も一定期間顧問等として会社に残ることも有効である。

現経営者が優秀な経営者であったとしても，その親族内に優秀な経営者がい

るとは限らない。経営環境の変化が著しい近年においては，親族外の有能な後継者に事業を承継させることは，自然な流れなのかも知れない。

　これまで，役員・従業員への親族外承継を中心に検討してきたが，候補者が見つからないのであれば，従業員や取引先を守るためにも，第三者へのM&Aにより事業を継続することも有力な選択肢の一つであろう。

　従来は「自社株評価を引き下げて親族内の後継者に生前贈与」が事業承継の王道であったが，今後も益々親族外承継の割合は増加するものと思われる。専門家として，親族外承継についてもアドバイスできるよう，研鑽を積む必要があるだろう。

第 7 章

複合的な事例の検討

1 事例検討①
株式が分散しているケース

事例1　株式が分散している会社の例

＜概　要＞

① 甲社は歴史の長い会社であり，創業者A及びAの配偶者はすでに亡くなっている。自社株は創業者Aの子供たちが5分の1ずつ均等に承継して経営にも携わっているが，すでに当初の後継者の孫の代まで株式が分散している。

② 甲社は同族会社であるが，親族内で株式が分散しているため，中心的な同族株主がいない会社となっている。

③ 親族の多くが甲社及びグループ会社に関わっており，特定の後継者に自社株を集約することは難しい。

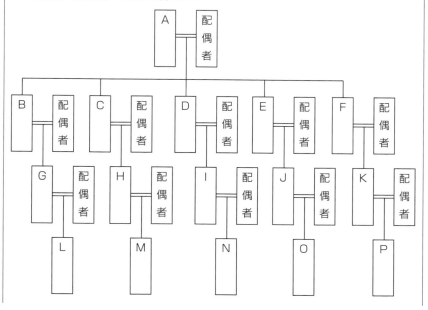

＜考え方＞
- 中心的な同族株主がいない場合，同族株主の全員が高額な原則的評価で相続等をすることになる。
- 中心的な同族株主が存在すれば，その他の同族株主は配当還元価額により評価することも可能である。
- 具体的には，甲社株式を買い集めるための法人を設立し，親族から甲社株式を25％以上取得し，新会社を中心的な同族株主とすることで，個人株主の多くが配当還元価額で相続等できるようにする。

1　配当還元方式による評価

同族株主であっても，一定の要件を満たせば，自社株を配当還元価額により評価できる。

(1)　中心的な同族株主の存在

相続人等が同族株主に該当する場合は，基本的には自社株の相続評価は原則的評価（類似業種比準方式等）とされるが，下記の全ての要件を満たす場合は，特例的評価（配当還元方式）により評価をすることができる。

① 　その者の他に中心的な同族株主がいる
② 　その者が中心的な同族株主に該当しない
③ 　その者の取得後における議決権数が５％未満である
④ 　その者がその会社の役員でない

この場合における中心的な同族株主には，個人だけでなく同族株主である法人でも議決権数25％以上であれば該当するため，法人を中心的な同族株主（＝原則的評価）とし，上記の要件を満たす個人は特例的評価である配当還元方式を利用することも可能である。

(2)　配当還元方式が適用される株主（評基通188）

配当還元方式が適用される株主は次のとおりである。

① 　同族株主（注１）のいる会社の同族株主以外の株主
② 　同族株主のいる会社の同族株主のうちで，いずれかの同族株主グループの中に中心的な同族株主（注２）がいる場合における中心的な同族株主以外の株主で，株式取得後の議決権の数がその会社の議決権総数の５％未満である者。ただし，その会社の役員（社長，理事長並びに法人税法施行令71条１項１号，２号，４号に掲げる者をいう）である者及び法定申告期限までに役員となる者を除く。

（注）１　「同族株主」とは，課税時期における評価会社の株主のうち，株主の１人

及びその同族関係者（法人税法施行令4条に規定する特殊の関係のある個人又は法人をいう）の有する議決権の合計数がその会社の議決権総数の30％以上である場合におけるその株主及びその同族関係者をいう。
　　　ただし，評価会社の株主のうち，筆頭グループの有する議決権の合計数が，その評価会社の議決権総数の50％超である会社については，その50％超の議決権を有するグループの株主だけが「同族株主」となり，その他の株主はすべて同族株主以外の株主となる。
　2　「中心的な同族株主」とは，同族株主のいる会社の株主で，課税時期において同族株主の1人並びにその株主の配偶者，直系血族，兄弟姉妹及び1親等の姻族（これらの者の同族関係者である会社のうち，これらの者が有する議決権の合計数がその会社の議決権総数の25％以上である会社を含む）の有する議決権の合計数がその会社の議決権総数の25％以上である場合におけるその株主をいう。

(3) 新会社の株主

　株式を買い集めるための新会社を設立するが，新会社の株主構成にも留意が必要である。

　例えば，新会社の株主をB家のGのみとすると，Bの個人所有の自社株評価をする際，B家が新会社の議決権の25％以上を有しているため，Bについて中心的な同族株主の判定をする際，新会社の所有する甲社株式の議決権も含める必要があり，Bも中心的な同族株主となってしまう。

　よって，例えばB家，C家，D家，E家，F家から1名ずつ代表者を出して，新会社のみが中心的な同族株主となるようにする。

2　自社株の同族株主間での売買

> 自社株を同族株主間で売買する際の価格は，所得税基本通達や法人税基本通達を参酌し，相続評価に必要な修正を加えた価格とする。

(1) 自社株の売買価格

　自社株を売買する際の価格（時価）については，純然たる第三者間であれば，

基本的に合意した売買価格が適正な時価と考えられる。

　しかし，同族関係者間の場合は恣意性が入るため，個人であれば所得税法の規定を参照し，法人であれば法人税法の規定を参照すべきであるが，所得税法，法人税法とも，法令では自社株の時価についての規定はない。

　そこで，実務上利用されるのが，所得税では「所得税基本通達23〜35共−9，59−6」であり，法人税では「法人税基本通達9−1−13，9−1−14」である。なお，法人税においては，低額譲渡等の規定として「法人税基本通達2−3−4」があり「法人税基本通達4−1−5，4−1−6」の取扱いを準用する旨を定めている。

　これらの通達は，本来は自社株を売買する際の適正な時価について定められたものではないが，所得税又は法人税での自社株の時価に関連する通達であり，他に参照すべき規定もないため，利用されているものである。

① 所得税関係

　所得税基本通達23〜35共−9は，個人が株式を取得する権利を与えられた際の，収入金額とすべき経済的利益を算定するための通達である。

　また，所得税基本通達59−6は，個人が法人に対して株式を贈与又は時価の2分の1未満で譲渡した場合に，時価で譲渡したものとして譲渡所得を計算する際の，時価を算定するための通達である。

　所得税基本通達23〜35共−9では，時価として(4)イ〜ニ（次ページ参照）が挙げられているが，(4)イ〜ハに該当することはほとんどなく，通常の非上場株式については(4)ニが該当する。当該通達では「1株当たりの純資産価額等を参酌して通常取引されると認められる価額」との記載しかないが，具体的には所得税基本通達59−6により，原則として下記の4つの修正を加えることで，相続評価（財産評価基本通達による評価）を準用して評価することを認めている。

（条件1）

　財産評価基本通達における「同族株主」に当たるか否か（原則的評価によるか，特例的評価によるか）の判定は，株式の譲渡等をした者のその譲渡等の直前の議決権数による。

（条件２）

株式の譲渡等をした個人が「中心的な同族株主」であるときは，その株式の発行法人は常に「小会社」に該当するものとして評価すること。

(注) 類似業種比準価額と純資産価額との併用方式（Lの割合0.5）によることができる。

（条件３）

純資産価額方式で評価する場合において，株式の発行法人が土地（借地権を含む）と上場有価証券を有するときは，これらの資産は「時価」により評価すること。

（条件４）

純資産価額方式による株価の算定に際し，評価差額に対する法人税等相当額の控除（37％控除）は行わないこと。

所得税基本通達23〜35共－９（株式等を取得する権利の価額）

令第84条第１号から第４号までに掲げる権利の行使の日又は同条第５号に掲げる権利に基づく払込み又は給付の期日（払込み又は給付の期間の定めがある場合には，当該払込み又は給付をした日。以下この項において「権利行使日等」という。）における同条本文の株式の価額は，次に掲げる場合に応じ，それぞれ次による。

(1)〜(3) 省略

(4) (1)から(3)までに掲げる場合以外の場合　次に掲げる区分に応じ，それぞれ次に掲げる価額とする。

イ　売買実例のあるもの　最近において売買の行われたもののうち適正と認められる価額

ロ　公開途上にある株式（金融商品取引所が株式の上場を承認したことを明らかにした日から上場の日の前日までのその株式及び日本証券業協会が株式を登録銘柄として登録することを明らかにした日から登録の日の前日までのその株式）で，当該株式の上場又は登録に際して株式の公募又は売出し（以下この項において「公募等」という。）が行われるもの（イに該当するものを除く。）金融商品取引所又は日本証券業協会の内規によって行われるブックビルディング方式又は競争入札方式のいずれかの方式により決定される公募等の価格等を参酌して通常取引されると認められる価額

ハ　売買実例のないものでその株式の発行法人と事業の種類，規模，収益の状況等が類似する他の法人の株式の価額があるもの　当該価額に比準して推定した価格
　ニ　イからハまでに該当しないもの　権利行使日等又は権利行使日等に最も近い日におけるその株式の発行法人の１株又は１口当たりの純資産価額等を参酌して通常取引されると認められる価額

所得税基本通達59－6（株式等を贈与等した場合の「その時における価額」）

　法第59条第１項の規定の適用に当たって，譲渡所得の基因となる資産が株式（株主又は投資主となる権利，株式の割当てを受ける権利，新株予約権及び新株予約権の割当てを受ける権利を含む。以下この項において同じ。）である場合の同項に規定する「その時における価額」とは，23～35共－９に準じて算定した価額による。この場合，23～35共－９の(4)ニに定める「１株又は１口当たりの純資産価額等を参酌して通常取引されると認められる価額」とは，原則として，次によることを条件に，昭和39年４月25日付直資56・直審（資）17「財産評価基本通達」（法令解釈通達）の178から189－７まで（（取引相場のない株式の評価））の例により算定した価額とする。

(1)　財産評価基本通達188の(1)に定める「同族株主」に該当するかどうかは，株式を譲渡又は贈与した個人の当該　譲渡又は贈与直前の議決権の数により判定すること。

(2)　当該株式の価額につき財産評価基本通達　179の例により算定する場合（同通達189－３の(1)において同通達179に準じて算定する場合を含む。）において，株式を譲渡又は贈与した個人が当該株式の発行会社にとって同通達188の(2)に定める「中心的な同族株主」に該当するときは，当該発行会社は常に同通達178に定める「小会社」に該当するものとしてその例によること。

(3)　当該株式の発行会社が土地（土地の上に存する権利を含む。）又は金融商品取引所に上場されている有価証券を有しているときは，財産評価基本通達185の本文に定める「１株当たりの純資産価額（相続税評価額によって計算した金額）」の計算に当たり，これらの資産については，当該譲渡又は贈与の時における価額によること。

(4)　財産評価基本通達185の本文に定める「１株当たりの純資産価額（相続税評価額によって計算した金額)」の計算に当たり，同通達186－２により計算した評価差額に対する法人税額等に相当する金額は控除しないこと。

＜参考：個人間売買の場合＞

本件では関係ないが，仮に個人間で自社株を売買する場合の価格を検討する。

所得税法59条は，個人が法人に対して贈与又は低額譲渡をした場合に時価で課税するという規定であり，個人間での贈与又は低額譲渡について時価で課税するという規定ではない。

個人間で贈与等があった場合は，受贈者側で贈与税が課税されることとなり，贈与者側では課税されることはない。

よって，個人間売買の場合は，買主側の相続評価を売買価格とすれば，売主側は譲渡益課税のみであり，買主側は特に課税関係が生じないものと考えられる。

② 法人税関係

法人税基本通達9－1－13，9－1－14とも，法人が保有する非上場株式について，価値が50％以上下落した場合に評価損を計上する際の，時価を算定するための通達である。

それぞれ，所得税基本通達23～35共－9，59－6と若干表現は異なるものの，実質的な内容は同じと考えられる。

課税上弊害がない限り，下記の3つの修正を加えることで，相続評価（財産評価基本通達による評価）を準用して評価することを認めている。

なお，所得税基本通達59－6で入っていた条件1が法人税基本通達9－1－14では入っていないが，これは，法人税基本通達9－1－14が，法人がすでに保有する非上場株式について時価を算定する際の通達であるためと考えられる。法人の場合，売主であれば譲渡前の議決権数により判定し，買主であれば取得後の議決権数により判定することとなるだろう。

（条件1）

その法人が「中心的な同族株主」であるときは，その株式の発行法人は常に「小会社」に該当するものとして評価すること。

(注) 類似業種比準価額と純資産価額との併用方式（Lの割合0.5）によることができる。

（条件２）
　純資産価額方式で評価する場合において，株式の発行法人が土地（借地権を含む）と上場有価証券を有するときは，これらの資産は「時価」により評価すること。

（条件３）
　純資産価額方式による株価の算定に際し，評価差額に対する法人税等相当額の控除（37％控除）は行わないこと。

法人税基本通達９－１－13（上場有価証券等以外の株式の価額）
　上場有価証券等以外の株式につき法第33条第２項《資産の評価換えによる評価損の損金算入》の規定を適用する場合の当該株式の価額は，次の区分に応じ，次による。
(1)　売買実例のあるもの　当該事業年度終了の日前６月間において売買の行われたもののうち適正と認められるものの価額
(2)　公開途上にある株式（金融商品取引所が内閣総理大臣に対して株式の上場の届出を行うことを明らかにした日から上場の日の前日までのその株式）で，当該株式の上場に際して株式の公募又は売出し（以下９－１－13において「公募等」という。）が行われるもの（(1)に該当するものを除く。）　金融商品取引所の内規によって行われる入札により決定される入札後の公募等の価格等を参酌して通常取引されると認められる価額
(3)　売買実例のないものでその株式を発行する法人と事業の種類，規模，収益の状況等が類似する他の法人の株式の価額があるもの（(2)に該当するものを除く。）　当該価額に比準して推定した価額
(4)　(1)から(3)までに該当しないもの　当該事業年度終了の日又は同日に最も近い日におけるその株式の発行法人の事業年度終了の時における１株当たりの純資産価額等を参酌して通常取引されると認められる価額

法人税基本通達９－１－14（上場有価証券等以外の株式の価額の特例）
　法人が，上場有価証券等以外の株式（９－１－13の(1)及び(2)に該当するものを除く。）について法第33条第２項《資産の評価換えによる評価損の損金算入》の規定を適用する場合において，事業年度終了の時における当該株式の価額につき昭和39年４月25日付直資56・直審（資）17「財産評価基本通達」（以下９－１－14におい

て「財産評価基本通達」という。）の178から189－7まで《取引相場のない株式の評価》の例によって算定した価額によっているときは，課税上弊害がない限り，次によることを条件としてこれを認める。
(1) 当該株式の価額につき財産評価基本通達179の例により算定する場合（同通達189－3の(1)において同通達179に準じて算定する場合を含む。）において，当該法人が当該株式の発行会社にとって同通達188の(2)に定める「中心的な同族株主」に該当するときは，当該発行会社は常に同通達178に定める「小会社」に該当するものとしてその例によること。
(2) 当該株式の発行会社が土地（土地の上に存する権利を含む。）又は金融商品取引所に上場されている有価証券を有しているときは，財産評価基本通達185の本文に定める「1株当たりの純資産価額（相続税評価額によって計算した金額）」の計算に当たり，これらの資産については当該事業年度終了の時における価額によること。
(3) 財産評価基本通達185の本文に定める「1株当たりの純資産価額（相続税評価額によって計算した金額）」の計算に当たり，同通達186－2により計算した評価差額に対する法人税額等に相当する金額は控除しないこと。

(2) 本件での売買価格

新会社での甲社株式の買取価格は，売買当事者間で寄附や受贈益の問題が生じないような価格を算定する必要がある。

上記の所得税基本通達や法人税基本通達に則ると，原則的評価程度で購入することになるため，新会社への資金手当てが必要である。

新会社で同族株主やグループ会社からの借入れをし，甲社からの配当金や新会社自身での事業活動により返済原資を準備してゆくことになる。

① 売主側（個人）の価格

譲渡直前の議決権数で株主区分を判定すると，中心的な同族株主以外の同族株主であるため，小会社に該当するものと考える必要はない。純資産価額方式では土地等や上場有価証券を時価評価し，含み益に対する法人税等相当額を控除しないで計算することとなる。

② 買主側（新会社）の価格

　議決権数が25％未満のうちは，中心的な同族株主以外の同族株主であるため，売主側と同様の評価額と考えられる。

　しかし，議決権数が25％以上となると，中心的な同族株主に該当するため，小会社に該当するものとして評価する必要が生じる。

　非上場株式の売買価格については，ここで初めて触れているが，前述のとおり法令で明確な定めはなく，あくまでも他の規定についての通達を準用しているに過ぎない。しかし，過去の裁判例等でも，これらの通達を参考にしている。

　自社株を後継者へ承継させる際は贈与がほとんどであるが，親族からの自社株買取や，個人から同族法人（資産管理会社）への自社株の譲渡など，自社株の売買価格を必要とするケースは多い。

2 事例検討② 多額のオーナー貸付金があるケース

事例2 多額のオーナー貸付金の対応の例

<概　要>
① 乙社はバブルの頃に銀行借入で取得した不動産を5年前に譲渡し，多額の繰越欠損金が生じている。
② 乙社は，不動産の譲渡代金で銀行借入を返済しきれず，オーナーから借入れを行っている。
③ 乙社の本業は製造業で，過去には利益が生じていたが，現在はなんとか赤字を出さずに決算を迎えている状況である（オーナー借入金を返済する余力はない）。

<考え方>
・現状のままオーナーに相続が発生すると，自社株の評価は高くないが，乙社への貸付金が額面金額で評価される。
・オーナーが債権放棄をすれば，貸付金は消滅する。この際，繰越欠損金により法人税は生じないが，他の株主へのみなし贈与課税の可能性がある。
・みなし贈与課税を避けるためには，「事前に株主をオーナー100％にする」「DES（デットエクイティスワップ）により時価発行増資をする」といった対応が考えられる。

1 オーナー貸付金の処理

オーナー貸付金の回収可能性が低いのであれば、相続発生前に処理をすべきである。この際、乙社の株主へのみなし贈与課税についても留意が必要である。

(1) 債権放棄の場合

乙社に繰越欠損金があり、今後乙社の本業で大きな利益が生じる可能性も低いため、債権放棄をすることで乙社は繰越欠損金を活用でき、オーナーの相続財産では回収可能性の低い貸付金の評価をなくすことができる。

ただし、この場合、下記のみなし贈与課税に留意が必要である。

(2) みなし贈与（相法9）

個人が、無償又は著しく低い価額の対価で利益を受けた場合においては、当該利益の価額に相当する金額を当該利益を受けさせた者から贈与又は遺贈により取得したものとみなして贈与税が課税される。

このみなし贈与課税は、個人が直接利益を受けた場合はもちろん、同族会社を利用して間接的に利益を受けた場合も課税される。

具体例として、「同族会社に対して無償で財産の提供があった場合」「同族会社の債務の免除があった場合」など、当該行為により同族会社の株主の株式の評価が増加したときは、当該行為をした者から贈与を受けたものとして、同族会社の株主に対して贈与税が課税される（相基通9－2）。

本件でも、オーナーが債権放棄をすることで他の乙社株主の株式の評価が増加すると、当該他の株主に対して贈与税が課税されることとなってしまう。

なお、このみなし贈与課税は、贈与税であるため、あくまで個人間での価値移転が前提となっている（仮にオーナーが乙社の100％株主であれば、自分から自分への贈与に対する課税は生じない）。

贈与等により法人から個人に資産の移転がなされた場合は所得税が課税される。また、法人又は個人から法人が資産の移転を受けたときには法人税が課税

されるが，これらは実現した利益に対して課税するものであるため，資産の含み益等に対しては，特段の規定がない限り課税されない。

以上をまとめると【図表1】のように考えられる。

【図表1：みなし贈与の課税関係】

利益を供与した者	同族会社の株主の課税関係	
	個 人 株 主	法 人 株 主
個　　人	株式の評価上昇に対して贈与税	原則として課税なし （含み益への課税規定なし）
法　　人	原則として課税なし （含み益への課税規定なし）	原則として課税なし （含み益への課税規定なし）

(3) DESの場合

DES（デットエクイティスワップ）とは「債務の株式化」のことをいい，債権者からみれば債権の現物出資により債務者の新株を取得することになる。

本件においては，オーナーが乙社に対して貸付金を現物出資して乙社の新株を取得することとなり，時価発行増資であれば，上記のようなみなし贈与課税の問題は生じない。

オーナーの相続財産としては，乙社への貸付金から乙社株式に変更され，相続評価も貸付金の額面から乙社株式の自社株評価額となる（通常は貸付金の額面よりも低くなる）。

乙社の繰越欠損金は活用できなくなるが，オーナーの相続財産への対応としては，有効である。

3 事例検討③
持株会社化を検討したケース

> **事例3** 持株会社化による株価上昇の抑制
>
> ＜概　要＞
> ①　A社は，甲（55歳）が創業した電子部品の卸売業を営む非上場会社である。
> ②　A社は創業以降，順調に業績を伸ばし，今後も安定した利益が見込まれている。
> ③　甲には，長男（29歳）と長女（26歳）の2人の子供がいる。長男はA社に入社しているが，後継者については，その資質や経営能力を見極めて慎重に判断したいと考えている。
> ④　A社は留保利益が厚く，業績も好調なため現状の株価は高い。今後もさらなる株価上昇が見込まれるため，甲は将来における株式承継時の税負担が心配である。

1　株式移転による持株会社の設立

　将来の株価上昇を抑制する手段として，株式移転の手法により持株会社を設立する。持株会社化により，株式移転後のA社の株価上昇分について，持株会社で含み益として37％控除が利用できるため，将来の株価上昇を抑えることができる。

(1)　持株会社化が自社株の評価に与える影響

　非上場会社の自社株の評価は優良企業であるほど高額となる。また，今後も高収益が見込まれる場合には，株価上昇のピッチも速く，株式の承継コストは時間が経つほど負担は大きくなるため，後継者への株式の承継は早期に行うこ

とが望ましい。

しかし，本事例のように，後継者もまだ確定していない場合には，早期の承継対策をすることができないため，持株会社化による株価引下げ策を講ずることが有効である。

具体的には，甲社長が保有しているA社の株式を，直接保有から持株会社を通じた間接保有に変更する。この時点で株価への影響は生じないが，持株会社化後からのA社の株価上昇分については，持株会社B社におけるA社株式の含み益となり，B社の純資産価額の評価において，A社株式の含み益に対して37％控除がとれることとなる。そのため，甲社長がA社の株式を直接保有しているよりも，持株会社の子会社として間接的に保有していた方が相続税評価額の上昇を抑制することができる。

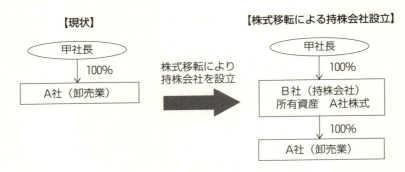

(2) 持株会社化の方法

持株会社化の方法には，設立した新会社に事業会社株式を譲渡する方法や現物出資する方法，また，株式交換や株式移転，会社分割といった組織再編を用いた方法がある。

譲渡や現物出資の場合には，株式の移動時における譲渡益課税の負担が支障となるが，株式交換や株式移転，会社分割により税制適格要件が満たされれば，株式移動時の譲渡益課税は繰り延べられ，課税負担なく持株会社化をすることが可能となる（税制適格要件についてはここでは割愛する）。株式交換，株式

移転及び会社分割の概要は次のとおりである。
① 株式交換

株式交換とは，既存する2社の株式を交換することにより，1社を完全親会社，もう1社を完全子会社とする方法である。

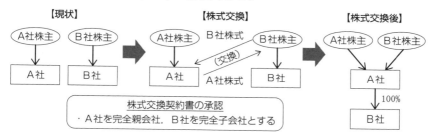

② 株式移転

株式移転とは，既存の会社がその発行済株式の全部を新たに設立する持株会社に取得させ，既存の会社は持株会社の完全子会社となる方法をいう。

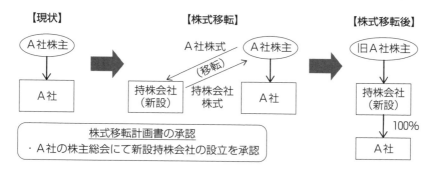

③ 会社分割

会社分割とは，会社の事業に関する権利義務の全部又は一部を，既存の他の会社又は分割により新設する会社に承継させる方法である。

既存の他の会社に承継させる方法を吸収分割，分割により新たに設立する会社に承継させる方法を新設分割という。

会社分割により持株会社化をするには，新たに設立する子会社に事業を新設

分割で承継させることにより実現することができる。

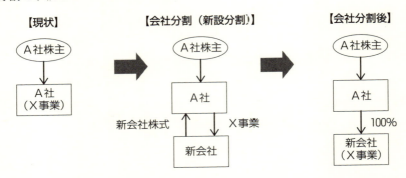

　なお，新設分割により持株会社化をする場合には，株式交換や株式移転と異なり，事業を行う主体が新会社に変更されるため，事業用財産や権利義務を移転する際に対抗要件が生じたり，取得している許認可の引継ぎが可能か否かなどの確認が必要な点に留意を要する。

(3) 持株会社化による効果

　本事例では，A社が単独で持株会社化を行うため，A社を完全子会社とする株式移転の方法により持株会社を新設する。

　株式移転により甲社長が保有するA社株式は，持株会社を通じた間接保有となり，甲社長は持株会社株式を取得する。

　A社の20年後の株価を予測し，現状のまま保有していた場合と，持株会社化により間接保有をした場合との株価を比較し，その効果を以下に検証する。

① A社の概要と株価

＜株価の算定要素＞

【図表1：事業の承継のために検討すべき事項】

【A社の概要】
・　業種目　：電気機械器具卸売業
・　会社規模：大会社
・　発行済株式数：20万株（旧額面@50円／株）

・　株主数：甲　100％

【A社の貸借対照表】

資　　　産　　　30.0億円※	負　　　債　　　10.0億円
	資　本　金　　　 0.1億円
	利 益 剰 余 金　　19.9億円

※資産の含み益は10億円とする。

【現状の株価の算定要素】
・　類似業種比準価額の算定要素（評価会社）
　　1株当たりの年配当金額　　　：　　　2.5円（総額50万円）
　　1株当たりの課税所得金額　　：　　1,000円（総額2億円）
　　1株当たりの簿価純資産価額　：　　10,000円（総額20億円）
・　類似業種の算定要素
　　株　　価　　　　　　　　　　：　　194円
　　1株当たりの配当金額　　　　：　　3.7円
　　1株当たりの利益金額　　　　：　　20円
　　1株当たりの簿価純資産価額　：　　196円

【20年後株価の算定要素】
・　資産の含み益は10億円と変わらず，純資産が28億円増加（毎年，税引後の留保利益が1.4億円計上×20年）し，他の要素は変わらないものとする。
・　類似業種比準価額の要素については，簿価純資産額が28億円増加し，類似業種の株価が1.5倍になると予測されるものとする。他の要素は変わらないものとする。

＜現状の株価と20年後の株価の予測＞

　A社の現状の株価は，【図表2】のとおり，1株当たり4,602円（大会社：類似業種比準価額を採用）だが，20年後の株価は11,753円（類似業種比準価額）に上昇することが予想される。

第7章　複合的な事例の検討　　297

【図表２：現状株価と20年後株価の予測】

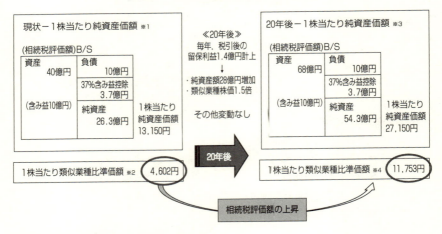

※１　現状の１株当たり純資産価額

$$\frac{40億円-10億円-(含み益10億円×37\%)}{200,000株}=13,150円$$

※２　現状の１株当たり類似業種比準価額

$$194×\frac{\frac{2.5円}{3.7円}+\frac{1,000円}{20円}+\frac{10,000円}{196円}}{3}×0.7=4,602円$$

※３　20年後の１株当たり純資産価額

$$\frac{68億円-10億円-(含み益10億円×37\%)}{200,000株}=27,150円$$

※４　20年後の１株当たり類似業種比準価額

$$291円×\frac{\frac{2.5円}{3.7円}+\frac{1,000円}{20円}+\frac{24,000円}{196円}}{3}×0.7=11,753円$$

② 持株会社化による株価対策と効果

株式移転により，持株会社Ｂ社を設立する。

株式移転時のＡ社の相続税評価額は4,602円であるから，20年後の株価を11,753円と想定した場合には，持株会社Ｂ社の純資産評価額の算定上，その差額の含み益7,151円に対して37％の法人税額等相当額が差し引かれて計算

することになる。持株会社化をした場合の具体的な効果は，【図表3】のとおりである。

```
20年後の甲社長の自社株評価額
現状のままA社株式を保有している場合    11,753円
                                  （A社株式の評価）
　　⬇
株式移転により持株会社化をした場合      9,108円
                                  （B社株式の評価）※
※A社株価11,753円－A社株式含み益(11,753円－4,602円)×37％
```

＜効果＞
持株会社化により，20年後の株価は2,645円／株減少する

　持株会社B社の株式移転による設立時の純資産の内容は，子会社株式とそれに見合う資本金等の額のみである。そのため，株式移転時の持株会社の評価は，株式保有特定会社に該当し純資産価額で評価されるため，子会社A社が大会社で類似業種比準価額による評価であれば，子会社株式の評価額と同額の株価となる。
　そして，20年後の株価については，株式移転後の子会社A社の株価上昇分が，持株会社B社における子会社株式の含み益として37％控除できるため，その分だけ甲社長の相続税評価額を低く抑えることが可能になる。
　これは，個人が自社株式を直接所有していても「含み益」については株式の評価額から控除されないが，持株会社を通じて株式を間接保有にすると，持株会社の純資産価額の評価において，その「含み益」に対して法人税等相当額の37％が控除されて評価がされるため，結果的に，相続税評価額を引き下げることができるものであり，株価対策として有効な方法となる。

【図表３：持株会社化をした場合の株価の比較】

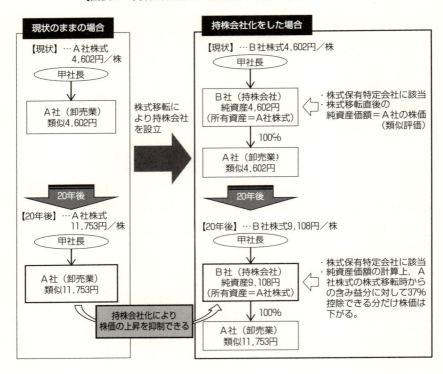

2　持株会社が事業を営む場合

　持株会社が事業を営み，株式保有特定会社に該当しなければ，持株会社の株式評価において類似業種比準価額を適用することができ，株価をさらに引き下げることが可能となる。

(1)　株式保有特定会社の対応

　持株会社において，株式保有特定会社に該当しない形態で運営ができれば，より大きな株価の引下げを実現することができる。

　株式保有特定会社とは，課税時期における資産のうちに株式等の評価額の占める割合が50％以上である会社をいう。株式保有特定会社に該当すると，純資産価額方式で評価をするか，Ｓ１＋Ｓ２方式で評価しなければならず，類似業種比準価額を採用することができない（【図表４】参照）。

　一般的には，純資産価額方式のみにより計算した価額よりも類似業種比準価額方式で算出した価額の方が有利である。株式移転により設立した持株会社は新設会社に該当するため，株式移転後３年間は純資産価額が強制されるが，３年経過後に，株式保有特定会社に該当しなければ，類似業種比準価額を採用することができ，さらなる株価の引下げが可能となる。

　株式保有特定会社から一般の評価会社になるには，総資産に占める株式等の割合を50％未満にしなければならない。持株会社で事業を営み，株式以外の資産の保有ができないかを検討する必要がある。

【図表４：株式保有特定会社（評基通189 (2)）】

株式保有特定会社とは「総資産価額中に占める株式等の価額の合計額の割合が50％以上の会社」をいう。

$$\frac{株式の価額（相続税評価額）}{総資産価額（相続税評価額）} \geq 50\%$$

⇒ 株式保有特定会社に該当
⇒ 類似業種比準方式の不適用

(2) 分割型分割による持株会社への不動産事業の移転

　持株会社を事業持株会社とする方法としては，不動産を保有させて事業会社に貸し付ける，人事・総務・経営企画などの管理部門を持株会社に残して事業会社と切り分けるなどが考えられる。

　本事例では，A社が所有する不動産を会社分割（吸収分割）によって持株会社B社に承継させ，持株会社にて不動産の管理，保有及び賃貸事業を営むものとする。

　会社分割の概要とその効果は次のとおりである。

① 会社分割の概要

- A社が保有する不動産を持株会社Bに吸収分割する。
- 分割により移転する財産は以下のとおりとする。
  土地，建物等：帳簿価額5億円（相続税評価額13億円）
  金融機関借入金：帳簿価額5億円
- 100％親子間での吸収分割のため，分割対価株式の交付は省略する（無対価分割）。
- 本件は適格分割に該当するため，会社分割による法人税の課税関係は生じない。

② 会社分割による効果

　会社分割により，持株会社B社の総資産は増加し，株式保有割合が50％未満になると，株式保有特定会社から外れ，一般の評価会社として，類似業種比準方式の採用が可能となる。

　会社分割の内容によっては，分割後の持株会社の純資産価額や，類似業種比準価額が上昇する場合があるが，類似業種比準価額を一部でも採用できることによって，株価が現状よりも引き下がる可能性は高い。

　本事例においても，持株会社の株価は，株式保有特定会社に該当する場合は4,602円（純資産評価額）であったが，会社分割の結果，3,880円（小会社：

【図表５：会社分割による株価への影響】

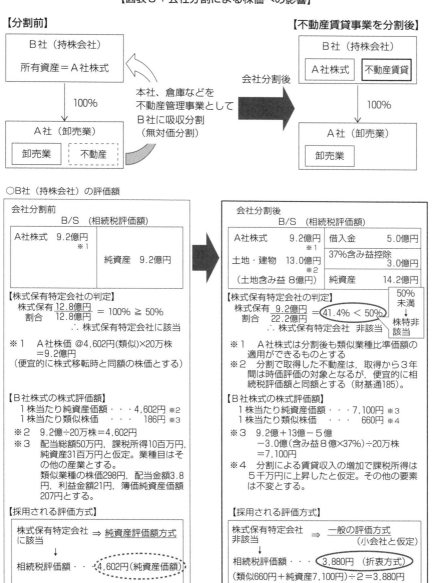

第７章 複合的な事例の検討 303

類似業種比準価額と純資産価額との折衷価額）となり，評価額が減少した。

会社分割による株価への影響は，【図表5】のとおりである。

(3) 株式保有特定会社の判定における留意点

株式保有特定会社に該当するか否かの判定に当たっては，課税時期前に合理的な理由もなく評価会社の資産構成に変動があり，その変動が株式保有特定会社と判定されることを免れるためのものと認められる場合には，その変動を排除して判定を行うこととされている。

その例として，課税時期直前に事業上の必要性もなく借入れを起こして総資産価額を膨らませるなどの操作を行う場合には，この判定基準を回避するケースに該当する旨が財産評価基本通達の逐条解説に掲げられている。

したがって，本件においても，経済的合理性がないと判断される会社分割を行った場合には，株式保有特定会社を免れるための行為と認定され，その行為はないものとされることから，資産の変動に際しては，その目的や意義を十分に検討し，長期的な視点で考えた上で，実態のある対策を行う必要がある。

> ○　**財産評価基本通達189**
> 178《取引相場のない株式の評価上の区分》の「特定の評価会社の株式」とは，評価会社の資産の保有状況，営業の状態等に応じて定めた次に掲げる評価会社の株式をいい，その株式の価額は，次に掲げる区分に従い，それぞれ次に掲げるところによる。なお，評価会社が，次の(2)又は(3)に該当する評価会社かどうかを判定する場合において，<u>課税時期前において合理的な理由もなく評価会社の資産構成に変動があり，その変動が次の(2)又は(3)に該当する評価会社と判定されることを免れるためのものと認められるときは，その変動はなかったものとして当該判定を行うものとする。</u>
> (1)　省　　　略
> (2)　株式保有特定会社の株式
> 　　課税時期において評価会社の有する各資産をこの通達に定めるところにより評価した価額の合計額のうちに占める株式，出資及び新株予約権付社債（会社法第2条《定義》第22号に規定する新株予約権付社債をいう。）（189－3《株式等保有特定会社の株式の評価》において，これらを「株式等」という。）の価額の合

> 計額(189−3《株式保有特定会社の株式の評価》において「株式等の価額の合計額(相続税評価額によって計算した金額)」という。)の割合が50％以上である評価会社(次の(3)から(6)までのいずれかに該当するものを除く。以下「株式保有特定会社」という。)の株式の価額は,189−3《株式保有特定会社の株式の評価》の定めによる。
> (3) 土地保有特定会社の株式(以下省略)

　持株会社化による自社株の承継対策について,株価対策の観点からその活用法と自社株への影響について触れてきた。

　持株会社化の手法には,これまで見てきたとおり,株式交換,株式移転及び会社分割などがあり,それぞれの特性に応じた活用をすべきであるが,税務上の課税関係(適格要件の充足)や,会計処理への影響,法務手続きなどを総合的に勘案して選択をすることが重要である。

　また,持株会社化の検討に際しては,株価の引下げ効果だけではなく,事業上の必要性の観点からも検討し,会社の組織形態や業務の最適化が図れるグループ形態の構築が望まれる。

参 考 文 献

- 事業承継ガイドライン　事業承継協議会・事業承継ガイドライン検討委員会
- 親族「内」事業承継　グラントソントン太陽ＡＳＧ税理士法人著　税務経理協会
- 中小企業経営承継円滑化法申請マニュアル　中小企業庁財務課
- 平成30年版　図解財産評価　犬丸伸浩編　一般財団法人大蔵財務協会
- 五訂版　詳説自社株評価Ｑ＆Ａ　尾崎三郎監修　清文社
- 財産評価の実務　笹岡宏保著　清文社
- 事業承継・自社株対策の実践と手法　髭正博・成田一正共著　日本法令
- 平成29年版　株式・公社債評価の実務　小原清志編　一般財団法人大蔵財務協会
- 税大論叢　相続税における同族会社の行為計算の否認に関する一考察　石川克彦
- 物納等有価証券に関する事務取扱要領について　平成22年６月25日　財理第2532号　財務省
- 逐条解説会社法　編集代表酒巻俊雄・龍田節　中央経済社
- 金庫株の税・会計・法律の実務Ｑ＆Ａ　税理士法人山田＆パートナーズ　中央経済社
- 『新しい持株会設立・運営の実務－日本版ESOPの登場を踏まえて』　太田洋監修　商事法務
- 『〔新訂版〕従業員持株会導入の手引』　大森正嘉著　三菱UFJリサーチ＆コンサルティング
- 『事業承継に活かす従業員持株会の法務・税務〔第２版〕』　牧口晴一・齋藤孝一著　中央経済社
- 「持株制度に関するガイドライン」　日本証券業協会
- 逐条解説会社法　編集代表酒巻俊雄・龍田節　中央経済社
- 事業承継関連法の解説　独立行政法人中小企業基盤整備機構
- 『信託法〔第４版〕』新井誠著　有斐閣
- 『信託を活用したケース別相続・贈与・事業承継対策』高橋倫彦・石脇俊司著　日本法令
- 『信託を活用した新しい相続・贈与のすすめ』笹島修平著　大蔵財務協会
- 「中間整理～信託を活用した中小企業の事業承継の円滑化に向けて～」信託を活用した中小企業の事業承継円滑化に関する研究会
- 『一般社団法人　一般財団法人　信託の活用と課税関係』　関根稔編集　ぎょうせい
- 『実践／一般社団法人・信託　活用ハンドブック』　白井一馬ほか著　清文社
- 公益法人制度改革の概要　行政改革推進本部事務局

- 実務家のための新公益法人の移行手続と会計・税務　中田ちず子著　税務研究会
- TAINZ（Z262－11885）東京地方裁判所平成22年（行ウ）第721号承認取消処分取消請求事件
- 「新たな公益法人関係税制の手引き」　国税庁
- 「「租税特別措置法第40条の規定による承認申請書」の記載のしかた」　国税庁
- 中小企業経営承継円滑化法申請マニュアル　中小企業庁
- 平成27年度税制改正の解説　財務省
- グループ内再編の税務　佐藤信祐著　中央経済社
- Q＆A企業再編のための合併・分割・株式交換等の実務　澤田眞史監修　清文社
- 事業承継支援マニュアル　日本公認会計士協会
- 実例＋Q&A親族「外」事業承継　グラントソントン太陽ASG税理士法人著　税務経理協会
- 平成29年版　税務相談事例集　藤原忠文編　一般財団法人大蔵財務協会
- 論文「株式を介した資産承継に対する課税上の諸問題」　田内彦一郎　税大論叢55号（平成19年7月4日発行）
- 『図解グループ法人課税（平成30年版）』　中村慈美著（一般財団法人大蔵財務協会）
- 『関係会社間取引における利益移転と税務（改訂版）』　小林磨寿美ほか著（一般財団法人大蔵財務協会）
- 国税庁「平成22年度税制改正に係る法人税質疑応答事例（グループ法人税制関係（改訂版）（情報）」

著者紹介

税理士法人おおたか

【従事者数】
　20名
　　税理士8名，行政書士1名他

【所在地】
　〒103-0002
　　東京都中央区日本橋馬喰町1-1-2　ゼニットビル6F

【ホームページ】
　http://www.ootaka.or.jp

【会社概要】
　月次監査，決算，税務申告等といった通常の税務会計業務のほか資産税も得意としており，事業承継計画の策定や自社株対策，オーナー様等の相続対策などを数多く行っています。同業者や金融機関から質問や相談を受けることも多く，組織再編など複雑な資産税案件に関しても多くの実績があります。
　最新の税務情報の収集に力を入れており，種類株の導入や公益法人の設立，信託の活用などといった新しい手法のご提案も積極的に行っています。
　お客様の税務コンシェルジュとして，お客様の「期待・疑問・不安」にお答えし，お客様とともに発展していく。これこそが私どもの使命と考えています。

【業務内容】
▷相続対策・事業承継
　・相続税申告
　・相続対策
　・事業承継計画の作成
　・自社株対策
　・非上場株式等の納税猶予制度サポート
　・遺留分に関する民法の特例サポート
▷遺産整理
　・財産目録作成
　・名義書換手続サポート
▷税務顧問
　・税務申告書作成・税務関連届出代行
　・月次・年次決算サポート
　・税務相談，税務調査対応
　・給与計算・源泉徴収
　・グループ法人税制

▷事業再編
  ・合併，株式分割，株式交換・移転，営業譲渡，現物分配
  ・増資・減資
  ・清算（整理・解散）
  ・自己株式取得　　　　　　など

［執筆者一覧］

市川　康明（いちかわ　やすあき）
東京生まれ。東海大学工学部卒業。税理士法人おおたか副代表・社員税理士。
著書等：『事業承継税制ハンドブック』（東京商工会議所・共著），『土地建物の譲渡所得Q＆A』（税務経理協会・共著），『贈与税の基本と特例Q＆A』（税務経理協会・共著），『平成30年度よくわかる税制改正と実務の徹底対策』（日本法令・共著）

深津　栄一（ふかつ　えいいち）
東京生まれ。東洋大学経営学部卒業。税理士法人おおたか・代表社員。
著書等：『平成30年度よくわかる税制改正と実務の徹底対策』（日本法令・共著）

望月　麻衣子（もちづき　まいこ）
神奈川生まれ。税理士法人おおたか・社員税理士。
著書等：『土地建物の譲渡所得Q＆A』（税務経理協会・共著），『贈与税の基本と特例Q＆A』（税務経理協会・共著），『平成30年度よくわかる税制改正と実務の徹底対策』（日本法令・共著）

阿部　雅樹（あべ　まさき）
北海道生まれ。税理士法人おおたか・社員税理士。日本税務会計学会委員（会計部門）。
著書等：『平成30年度よくわかる税制改正と実務の徹底対策』（日本法令・共著）

荒川　大輔（あらかわ　だいすけ）
栃木生まれ。駒澤大学経済学部卒業。税理士法人おおたか・税理士。
著書等：『平成30年度よくわかる税制改正と実務の徹底対策』（日本法令・共著）

谷中　淳（やなか　あつし）
茨城生まれ。学習院大学経済学部卒業。税理士法人おおたか・税理士。
著書等：『平成30年度よくわかる税制改正と実務の徹底対策』（日本法令・共著）

横山　直人（よこやま　なおと）
福島生まれ。帝京大学大学院博士前期課程修了。税理士法人おおたか・税理士。
著書等：『平成30年度よくわかる税制改正と実務の徹底対策』（日本法令・共著）

［協力者一覧］

木村　英幸（きむら　ひでゆき）
茨城生まれ。明治学院大学経済学部卒業。税理士事務所プライズ・代表税理士。
著書等：『認定医療法人制度と医業承継対策』（法令出版・共著），『平成29年度よくわかる税制改正と実務の徹底対策』（日本法令・共著）

橋本　達広（はしもと　たつひろ）
静岡生まれ。関東学院大学大学院経済学研究科経済学専攻修了。橋本昌幸税理士事務所・税理士。
著書等：『平成29年度よくわかる税制改正と実務の徹底対策』（日本法令・共著）

著者との契約により検印省略

| 平成29年8月20日 初版発行 | 事業承継を成功に導く |
| 平成31年1月1日 第2版発行 | 自社株承継の実務〔第2版〕 |

著　者　税理士法人おおたか
発行者　大　坪　克　行
印刷所　美研プリンティング株式会社
製本所　牧製本印刷株式会社

発行所　〒161-0033 東京都新宿区　　株式会社　税務経理協会
　　　　下落合2丁目5番13号
　　　　振　替 00190-2-187408　　電話 (03)3953-3301（編集部）
　　　　ＦＡＸ (03)3565-3391　　　　　 (03)3953-3325（営業部）
　　　　URL http://www.zeikei.co.jp/
　　　　乱丁・落丁の場合は，お取替えいたします。

© 税理士法人おおたか 2019　　　　　　　　　　　　Printed in Japan

本書の無断複写は著作権法上での例外を除き禁じられています。複写される場合は，そのつど事前に，（社）出版者著作権管理機構（電話 03-3513-6969，FAX 03-3513-6979, e-mail : info@jcopy.or.jp）の許諾を得てください。

JCOPY ＜（社）出版者著作権管理機構 委託出版物＞

ISBN978-4-419-06607-9 C3032